Hildebrando Cerqueira

30 SEMANAS DE EXPERIÊNCIA COM DEUS

1ª Edição
Fortaleza, 20

Edição Edmilson Alves Júnior, Igor Alves, Irenice Martins

Coordenação Geral Jordana Carneiro

Revisão Rebecca Cunha, Cidia Menezes

Projeto Gráfico e Diagramação Diego Barros

Capa Thiago Balduino Caldeira

Ficha catalográfica elaborada pela Bibliotecária Rafaela Pereira de Carvalho CRB - 1506

C416s

Cerqueira, Hildebrando Guimarães de.

30 semanas de experiência com Deus / Hildebrando Cerqueira.
Fortaleza: CeNE, 2020.

128p.; Color. 15x22cm.

ISBN: 978-65-990355-5-5

1. Crescimento Pessoal. 2. Vida Cristã. 3. Sociedade. 4. Fé.

I. Título. CDD 371.3

Edição Conforme o Novo Acordo Ortográfico da Língua Portuguesa
Dados Internacionais de Catalogação na Publicação (CIP)

Av. Santos Dumont, 1343 - Loja 4 - Centro
Fortaleza - CE - CEP 60.150.161
www.editoracene.com.br / (85) 2181.6610

Dedico este livro a todas as pessoas que viveram experiências com Deus e deixaram-nas transbordarem de si mesmas para o próximo.

Prefácio

A vida humana é uma teia formada por um conjunto de experiências. As conexões da vida contemplam desde os arranjos complexos de microrganismos, até seus vínculos e trocas com as macroestruturas do universo. Além disso, a vida humana pode ser desfrutada a partir de elaborações racionais e inteligentes, propiciando nas pessoas o tão conhecido sentimento de experiência pessoal com Deus. No caso específico deste livro, somos desafiados a encontrar e decodificar a nossa experiência com Deus, com a nossa interioridade e as nossas relações com as pessoas. O livro está sendo apresentado a você como instrumento capaz de lhe apoiar a construir suas próprias elaborações, feitas a partir de peregrinações e experiências da vida.

O Hildebrando, autor do livro, tem uma convicção tão arraigada de sua amizade e comunhão com Deus que, naturalmente, trata todos os seus leitores como se cressem, vivessem e desfrutassem da mesma comunhão e amizade que ele encontra em Deus. E como desdobramento desta convicção vivencial do escritor, a leitura deste livro, com certeza, há de nos ajudar a compreender, assumir e fortalecer a nossa essência em Deus. Todos os capítulos estão fundamentados na certeza de que tudo de significativo e relevante que nos acontece, só se realiza em Cristo, por Cristo e para Cristo. Razão pela qual, em todo o livro, as experiências compartilhadas estão batizadas com a presença do Pai, do Filho e do Espírito Santo. E como consequência o livro está permeado de amor e serviço ao próximo, gratidão, solidariedade, cultivo de disciplinas de espiritualidade, cura de dores e ansiedades, esperança... Os capítulos estão apresentados da mesma forma como as experiências vão acontecendo na vida. E assim, respeitando as agendas imprevisíveis de cada pessoa, sinta-se livre para ler as experiências do livro com a mesma aleatoriedade dos acontecimentos da vida.

Antes de conhecer este livro e até mesmo o seu autor, conheci o avô do escritor. Eu era adolescente quando vi pela primeira vez o meu amigo Hildebrando, avô do neto Hildebrando. Depois, uma amizade bem mais próxima com o querido José Milton e a querida Solange, respectivamente, pai e mãe do autor do livro. E, dando continuidade ao percurso desta experiência de vida, tenho procurado alimentar a nossa comunhão com a percepção de que existe uma engenharia pavimentando a estrada de nossa amizade numa via de mão dupla. Sei que estou correndo o risco de reduzir em singelas palavras e minguadas linhas uma história de vidas preciosas e de amizades profundas, mas quis apenas aproveitar as experiências de minha amizade com o Hildebrando e a Aninha e seus familiares, a fim de explicitar por comparação, a ênfase dada neste livro sobre as experiências da vida.

Como a vida se apresenta, há páginas em branco no livro. Nessas páginas, o Hildebrando nos anima a escrever nossas elaborações à luz de nossas vivências. Cumprindo esta tarefa teremos mais discernimento sobre as nossas experiências e estaremos em conexão com o propósito do autor deste livro: "... ficarei muito feliz em saber que você, ao viver essas 30 semanas, desenvolveu autonomia, liberdade e uma espiritualidade pessoal, que brotou de um viver íntimo com Deus, do contato com o próximo e de um encontro com você mesmo".

Experiência sem elaboração sábia pode produzir fanatismo, delírio e morte. Verdade sem experiência pode gerar legalismo, tradição e violência pela negação do outro. Para Jesus Cristo, o caminho precisa manter-se vinculado à verdade, e somente assim caminho e verdade propiciam vida. Esta é a lógica deste livro.

Não existe no conteúdo do livro uma doutrinação arrogante, nem também um conhecimento elaborado com teorias sem uma vivência anterior. Na verdade, é como se o livro fosse uma tarefa inacabada, por uma razão muito simples : os capítulos estão escritos como vivências paralelas às suas. E aí você tem a chance de escrever sobre você, sobre seus desafios e as suas respostas diante das questões da vida. Como a vida é uma conexão de várias experiências, permita-me encorajar você a mergulhar na leitura de cada capítulo deste livro, fazendo da leitura mais uma experiência prazerosa, decodificável e possível de alimentar e fortalecer a sua essência em Deus.

Enquanto estamos neste mundo, a plenitude da vida é uma tarefa inacabada. Faça deste precioso livro um equipamento guia para elaboração da planta base de sua vida com Deus e de sua vocação e missão.

Carlos Queiroz - Bacharel em Teologia, Mestre em Missiologia e pastor da Igreja de Cristo no Brasil.

Agradecimentos

Gratidão, bivó Maria

Gratidão, vovó Nazaré e vovô Nicolau

Gratidão, vovô Hildebrando e vovó Nise

Gratidão, mãe

Gratidão, pai

Gratidão, Andréa

Gratidão, irmãos

Gratidão, Aninha amada

Gratidão, Tiago amado

Gratidão, Davi amado

Gratidão, amigos

Gratidão, Jilton Moraes

Gratidão, Marcos Monteiro

Gratidão, Igreja Candeias

Gratidão, Felipe Seabra

Gratidão, Unidade

Gratidão, John Burke

Gratidão, Carlinhos Queiroz

Gratidão, Ed René Kivitz

Gratidão, PIB Fortaleza

Gratidão, Cláudio Nascimento Jr

Este é um livro interativo

No sumário haverá um **espaço de *check*** para você acompanhar as experiências já vividas.

No início de cada semana tem um espaço para preencher com a **data** de quando realizou a experiência.

Ao final de cada experiência você terá um espaço para criar **anotações** sobre como foi a sua semana.

Sumário

Apresentação

O que você acha de viver experiências com Deus? Esse não é um convite utópico. Deus chama pessoas comuns, como eu e você, para uma caminhada de experiências com Ele. Nessas 30 semanas, você poderá ter um encontro com Ele, com o próximo e com você mesmo.

Deus não é um conceito, Ele é uma pessoa. O apóstolo João começa sua 1ª carta afirmando: "[...] o que ouvimos, o que vimos com os nossos olhos, o que contemplamos e as nossas mãos apalparam [...]" (1 João 1:1). Ele não está falando de uma teoria, nem mesmo de um conceito filosófico. Ele está falando de um Deus real, que pode ser experimentado, tocado, apalpado, visto, ouvido e contemplado.

Neste livro, você será desafiado a viver 30 semanas de experiência com Deus. A cada semana você escolherá uma para viver. A ordem impressa é aleatória. Eu gostaria que você vivesse, a cada semana, a experiência que bater mais forte em seu coração. Se quiser seguir a ordem, não tem problema, mas, **que tal ir ao índice e tentar sentir qual experiência Deus está querendo viver com você?** Sugiro ir marcando para não se perder.

Cada vivência abordará um tema, mas nosso foco será nos movimentos que serão sugeridos. Você será desafiado a fazer, a agir. Este não é um livro devocional de reflexão. Se não estiver com disposição para se movimentar e experimentar, dificilmente este livro será útil para você.

Costumamos resistir no momento de fazer coisas simples. Você conhece a história de Naamã? Ele tinha lepra e era comandante do exército do rei da Síria. O governante soube que um profeta chamado Eliseu poderia curar o seu comandante e mandou Naamã ir até ele. Quando Eliseu soube, mandou que Naamã se lavasse 7 vezes no rio Jordão para que ficasse curado. Naamã ficou indignado e disse: "Eu estava certo de que ele sairia para receber-me, invocaria de pé o nome do Senhor seu Deus, moveria a mão sobre o lugar afetado e me curaria da lepra." (2 Reis 5:11). Naamã foi embora furioso. Foi quando os seus servos lhe disseram: "Meu pai, se o profeta lhe tivesse pedido alguma coisa difícil, o senhor não faria? Quanto mais, quando ele apenas lhe diz para que se lave e seja purificado" (2 Reis 5:13). Naamã fez o que o profeta disse e foi curado de sua lepra.

Deus age de forma simples, em coisas que parecem banais. Por isso, peço que você não se feche e se permita fazer esses movimentos que podem, apesar de simples, levar você a águas profundas na relação com Deus.

Ao final de cada experiência, você terá um espaço reservado que funcionará como um registro precioso do que foi vivido. Anotando, desenhando ou até mesmo fazendo perguntas. Coloque ali seus sentimentos, sejam bons ou ruins, faça um registro que funcione como um testemunho para você mesmo da experiência vivida com Deus. Algumas pedirão que você faça listas, pedidos ou orações que também poderão ser escritas nesse local.

Não escrevi este livro com a intenção de que você fique dependente de alguém que diga o que precisa ou pode ser feito para se ter uma experiência com Deus. A ideia é que esses momentos funcionem como estímulo e que, ao final do livro, você possa escrever suas próprias vivências. Por isso, reservamos um espaço no final do livro com folhas em branco que poderão ser usadas como esboços. Algumas das práticas podem ser vividas novamente, outras podem ser personalizadas ao seu perfil e estilo. Mas ficarei muito feliz em saber que você, ao viver essas 30 semanas, desenvolveu autonomia, liberdade e uma espiritualidade pessoal, que brotou de um viver íntimo com Deus, do contato com o próximo e de um encontro com você mesmo.

Certa vez, um professor do ensino médio desafiou seus alunos a provarem que Deus realmente existia. Perguntou a eles se alguém ali poderia provar que Deus existe. Um jovem, sentado na última fileira da sala, levantou a mão e disse que poderia sim provar. Toda a turma olhou para o jovem e o professor pediu que ele, então, provasse que Deus existe. Foi quando ele disse: "Deus existe, eu falei com ele hoje de manhã". Imagino que o professor não deve ter ficado satisfeito, pois aquele jovem não provou a existência de Deus. O fato é que sua experiência com Deus era tão real, que ele não sentia necessidade alguma de provar. Venha viver essas experiências com Ele e descubra um Deus não apenas de ouvir falar, mas um que os seus olhos podem ver!

Uma pessoa em experiência e em construção

Nasci em Fortaleza- CE em 1976. Posso dizer que minha estrada tem sido repleta de experiências. Tenho plena convicção de que minhas construções, quer sejam emocionais, cognitivas e até mesmo físicas, são resultados de experiências e movimentos dinâmicos na vida com Deus, pessoas e comigo mesmo.

A vida é construída por meio de movimentos!

Cresci em uma família amável, como um ser livre e capaz de realizar meus próprios movimentos. Com 13 anos, comecei a trabalhar e, com 15, já estava atuando em dois turnos e estudando à noite em uma escola pública de Fortaleza. Essas experiências me fizeram ser quem sou hoje. Com 20 anos, fui estudar Teologia em Recife e morar só. Lá conheci Aninha, com quem me casei e vivo com ela quase tudo desde então. Viajamos muito, brigamos muito, aprendemos muito, crescemos bastante, iniciamos uma igreja juntos (Igreja Batista Candeias), tivemos dois filhos (Tiago e Davi), passamos por momentos de aperto e perdas, moramos fora do país por 9 meses, compramos a casa própria, vendemos a casa própria, dentre tantas experiências.

Por que estou contanto tudo isso? Para mostrar que este livro não é apenas resultado de uma reflexão, mas de uma soma de experiências. A minha proposta é ajudar você a construir sua vida, na relação com Deus, com o próximo e com você mesmo. Não tenho como objetivo conceituações ou doutrinações. Eu poderia me apresentar falando de meus títulos e conquistas, mas eles não falam tanto assim sobre mim quanto a pluralidade de experiências. Eu não sou o que como, nem o que leio ou faço, mas uma construção de tudo o que vivi. Sou uma complexidade, marcada também pelos momentos vividos e pelas escolhas feitas nas experiências da vida!

Por exemplo, quando eu era criança, a escola em que eu estudava, o Colégio Batista Santos Dumont, realizou uma corrida de bicicleta com todos os alunos daquele ano. Eu perguntei se podia ir com a minha motoca, pois andar de bicicleta ainda era difícil para mim. Fui autorizado. No dia da corrida, quando todos os alunos estavam enfileirados, muitos tentando se equilibrar e ainda segurar a bicicleta, lá estava eu, com minha motoca. Foi dada a largada. Rapidamente larguei, enquanto todos tentavam se equilibrar e pedalar. Ganhei a corrida! Não sei como não tive vergonha de ir com minha motoca, mas sei que aquela experiência me marcou, me ensinou a confiar em mim e a não ter vergonha de quem sou.

Mais um exemplo: quando eu era adolescente, gostava muito de andar de bicicleta nas ruas. Um dia, fui atravessar uma grande avenida e parei no canteiro central. Ao tentar colocar o pé no chão, percebi que o canteiro deixou o chão mais longe de mim. Foi quando desequilibrei e caí. Nesse momento, passou um caminhão em alta velocidade e buzinando bem alto. Eu ainda consigo lembrar dos ganchos da carroceria daquele veículo passando a uns 5 centímetros da minha cabeça. Até hoje eu lembro dessa experiência e consigo ser grato a Deus por ter me livrado. Depois daquele dia, passei a tomar mais cuidado. Essa vivência descreve parte de quem eu sou, pois foi a partir desse dia que pude ser mais prudente e enxergar, de forma mais clara, a proteção de Deus.

Por isso, convido você a viver experiências com Deus,
com o próximo e com você mesmo.

Deus, abre uma porta
para que eu ajude
alguém essa semana
e eis-me aqui,
envia-me a mim.

Experiência da semana: ____/____/____

Que tal ajudar?

Todos os dias passamos por pessoas que precisam de algum tipo de ajuda: nas ruas, nas praças, no shopping, até dentro da nossa própria casa. A história do livro A Cabana, do autor William P. Young, por exemplo, mostra como o pai (Mark) estava tão envolvido na própria dor, que não percebia que a filha precisava muito da sua ajuda. Nós também temos pessoas ao nosso redor precisando de ajuda no trabalho, na faculdade, na fila do supermercado, na sala de espera do banco, no elevador do prédio e, em algumas situações, não percebemos que aqueles que estão passando por nós precisam desse amparo. Não é fácil de se perceber. Afinal de contas, as pessoas não andam com placas dizendo "Me ajude, por favor!".

Em outras situações, é nítida a necessidade de ajuda: quando passamos por uma pessoa que está chorando, uma criança com fome na rua, um homem triste sentado em um banco. Nessas situações, é gritante a carência e parece que estão com a tal placa dizendo "Me ajude, por favor!". Refletindo sobre necessidades, peço que abra a mente e pense em ajuda de forma mais ampla: oferecendo algo, seja alimento ou dinheiro, parando para ouvir alguém, aconselhando ou até mesmo dando uma carona.

Existem vários tipos de necessidades: físicas, emocionais, afetivas, econômicas e espirituais. Se o tempo todo pessoas que precisam de ajuda estão passando por nós e as necessidades são tantas, as possibilidades de ajudar alguém também são muitas.

Eu pergunto:

você crê que Deus quer te usar para ajudar outras pessoas esta semana?

Você está aberto a isso?

Você está disposto a ser usado por Deus para ajudar alguém?

Você já pensou que Deus pode querer ajudar alguém e está à procura de um voluntário?

Você quer ser voluntário esta semana?

Isaías 6:8 profere que a voz do Senhor diz:"[...] A quem enviarei e quem há de ir por nós?". Deus está convocando "a quem enviarei e quem há de ir por nós?". Você está preparado para se voluntariar?

Esta semana teremos a experiência de ajudar a alguém, mas talvez você se pergunte: ajudar a quem? Por isso, viva a experiência em dois movimentos. O primeiro é orar. Em Colossenses 4:3, Paulo pede oração aos irmãos para que Deus abra uma porta para a palavra, para a mensagem que ele levava. Que sua palavra seja de sabedoria, de ciência, de consolo, de motivação ou, quem sabe, venha a ser um verbo, porque vai envolver ação sua para ajudar alguém nesta semana. Talvez a oração, parafraseando Colossenses 4, seja: “Deus, abra uma porta para que eu ajude alguém essa semana” e, respondendo com Isaías 6:8, você pode dizer: “Eis-me aqui, envia-me a mim.”. Faça essa oração algumas vezes esta semana. Quem sabe, ao acordar, fazendo esse pedido, Deus abra uma porta para que Ele ajude alguém através de você: “Deus, abre uma porta para que eu ajude alguém essa semana e eis-me aqui, envia-me a mim.”.

O segundo movimento é ficar atento e agir quando notar a "porta da ajuda" se abrindo bem no meio da semana. Será a oportunidade de agir e perceber Deus usando você para amparar alguém. Deus te abençoe.

Tenha uma boa semana e uma boa experiência com Deus.

E vocês, o que dizem?
Quem vocês dizem
que eu sou?

Experiência da semana:

___/___/___

Quem é Jesus para você?

Quem é Jesus para você? Certa vez, Jesus fez essa pergunta aos seus discípulos, cujo registro se encontra em Lucas 9, do versículo 18 em diante. O texto diz que: certa vez, Jesus estava orando em particular, e com ele estavam seus discípulos; então lhes perguntou: "Quem as multidões dizem que eu sou?". Eles responderam: "Alguns dizem que és João Batista, outros, Elias; e, ainda outros, que és um dos profetas do passado que ressuscitou.". Neste momento, Jesus para, interrompe a resposta e lhes faz outra pergunta: "E vocês, o que dizem? Quem vocês dizem que eu sou?". Pedro respondeu:"O Cristo de Deus.". Entretanto, não iremos pensar na resposta de Pedro e sim na pergunta que Jesus faz. Ele parece estar interessado no que as multidões pensam, mas, mais do que isso, está interessado em saber o que os discípulos pensam sobre Ele, por isso interrompe a resposta e diz: "E vocês, o que dizem? Quem vocês dizem que eu sou?". Imagino que Jesus, hoje, está fazendo essa pergunta para nós: "Quem você diz que eu sou? Quem eu sou para você?".

Esta semana, reflita sobre esse questionamento lendo o evangelho de João e se perguntando:

"Quem é Jesus para mim?". O evangelho de João fala muito de quem Jesus é. O tempo todo, ele traz características dele, diz que Jesus é a porta, que é o caminho, que é a luz do mundo. Então, o desafio desta semana é ler o evangelho de João, que afirma o que muitos pensam e creem sobre Jesus. Entretanto, pode ser que durante o processo, você perceba Jesus interrompendo a sua leitura, olhando para você e perguntando: "E você, o que diz? Quem você diz que eu sou?".

O evangelista João está ali falando muito sobre quem Jesus é, mas a pergunta não é sobre quem João diz que Jesus é, não é sobre o que os discípulos da época disseram a respeito de Jesus. A pergunta desta semana é quem você diz que Jesus é. Por conta disso, não será uma leitura qualquer. É uma leitura na qual talvez você seja interrompido algumas vezes pelo próprio Espírito Santo, que vai te perguntar quem Ele é para você e quem você diz que Ele é.

Que essa semana seja cheia de Jesus na sua vida. Tenha uma boa experiência com Deus.

Carregamos pessoas e somos carregados por elas todos os dias!

Experiência da semana:

Carregar alguém

____/____/____

Se pararmos para pensar, carregamos pessoas e somos carregados por elas todos os dias. Uma história impressionante que ajuda a refletir sobre isso é a do paralítico de Cafarnaum, relatada no evangelho de Marcos, capítulo 2. O paralítico é curado por Jesus, mas, para que essa cura acontecesse, foi preciso que quatro pessoas carregassem o paralítico até onde Jesus estava. Porém, antes da cura, o texto fala de como Jesus ficou impressionado com a atitude daqueles homens, com a fé daqueles que carregaram o paralítico até ele. A experiência desta semana, portanto, irá nos levar a alguns movimentos semelhantes aos desses homens.

O primeiro é ler o texto de Marcos, capítulo 2, a história do paralítico de Cafarnaum. Leia mais de uma vez e permita-se sentir a palavra de Deus. O segundo é fazer duas listas: uma das pessoas que carregam você e outra das pessoas que você carrega. As pessoas que te carregam são as que você se sente apoiado nelas, que te ajudam e te passam segurança. São pessoas que te dão suporte naqueles momentos difíceis, que representam ajuda e referência para a vida. Já as pessoas que você carrega são as que dependem de você, que precisam do seu apoio e da sua atenção. Pode ser um filho, um amigo que se alimenta muito de você, um cônjuge que está passando por um momento difícil, um pai ou uma mãe idosos e carecem de sua atenção. Faça uma lista com esses dois grupos. Escrever vai te levar a pensar com mais atenção sobre o assunto. Visualize a lista, olhe para ela quando estiver pronta e, se for preciso, faça alguns ajustes, altere o que achar necessário.

É muito importante que você escreva, que visualize o nome de cada pessoa ali, nas listas de pessoas que carregam você e pessoas que você carrega. O terceiro movimento é orar. Separe um momento para orar por essas pessoas. Sugiro orar um dia pelo grupo de pessoas que carregam você e, em outro, pelo grupo de pessoas que você carrega. Ao orar pelo grupo de pessoas que carregam você, agradeça a Deus pela vida delas e peça a Ele que renove suas forças, afinal de contas, não é fácil carregar alguém. No dia em que for orar pelo grupo de pessoas que você carrega, observe as necessidades de cada indivíduo. Você as conhece muito bem, pois se você as carrega, então sabe do que precisam. Peça a Deus que o ajude nessa missão. Peça a Ele que o ajude a não se sobrecarregar e não gerar uma dependência doentia.

Em resumo, os movimentos são simples: ler o texto, fazer duas listas - uma de pessoas que carregam você e a outra das pessoas que são carregadas por você - e, em seguida, dedicar um tempo para orar por cada uma dessas pessoas. Agora, se acontecer de não conseguir fazer alguma delas, talvez você esteja muito sozinho e é aconselhável que peça a Deus para que coloque na sua vida pessoas para carregar e pessoas que te carreguem. Uma boa sugestão: inicie procurando pessoas para que você carregue.

Tenha uma boa experiência e uma semana abençoada.

Precisamos exercitar a nossa memória sobre coisas boas, e um exercício fantástico para isso é agradecer.

Experiência da semana:

____/____/____

Agradecer

Esta semana será para exercitar a memória boa do nosso coração. Não precisamos nos esforçar para lembrar das coisas ruins, já que pensamos nelas o tempo todo. Elas vêm sozinhas, sem alguém chamar. De repente, já estão ali, martelando a nossa mente e o nosso coração. Entretanto, precisamos exercitar a nossa memória sobre coisas boas, e um exercício fantástico para isso é agradecer.

Não pense em gratidão como um sentimento. Agradecer é o movimento da gratidão, a sua ação. Particularmente, não gosto do termo "obrigado", pois sinto nessa palavra um peso de obrigação. Não é como se não me sentisse menos obrigado a retribuir, mas a ordem bíblica é a de sermos gratos, e agradecer é o movimento da gratidão. Sendo assim, divida a experiência desta semana em alguns movimentos.

O primeiro movimento é ler os textos bíblicos na página a seguir:

Colossenses 3:15 Que a paz de Cristo seja o juiz em seu coração, visto que vocês foram chamados para viver em paz, como membros de um só corpo. E sejam agradecidos.

Colossenses 4:2 Dediquem-se à oração, estejam alertas e sejam agradecidos.

Efésios 5:4 Não haja obscenidade, nem conversas tolas, nem gracejos imorais, que são inconvenientes, mas, ao invés disso, ações de graças.

1 Tessalonicenses 1:2 Sempre damos graças a Deus por todos vocês, mencionando-os em nossas orações.

2 Timóteo 3:2 Os homens serão egoístas, avarentos, presunçosos, arrogantes, blasfemos, desobedientes aos pais, ingratos, ímpios [...].

Leia estes textos como aquecimento, para que você possa perceber como a gratidão é uma orientação bíblica muito clara.

O segundo movimento é o de agradecer. Experimente isso em uma dimensão horizontal, agradecendo às pessoas que Deus usou para abençoar sua vida. Movimente-se esta semana! O desafio é entrar em contato com pessoas que são ou foram importantes na sua caminhada. Pode-se fazer isso de várias formas: escrevendo um texto por e-mail, por WhatsApp, enviando um presente, fazendo uma ligação, marcando para tomar um café juntos...É hora de movimento, de uma ação de gratidão, de agradecimento. Use sua criatividade, mas cuidado para não complicar, pois, com excessos, você acaba não fazendo. O importante é fazer, de uma forma ou de outra. É muito simples: leia os textos, lembre-se das pessoas e agradeça.

Tenha um bom movimento, uma ótima semana e uma boa experiência com Deus.

Que o Senhor produza
no meu coração alegria,
paz, mansidão, bondade...

Experiência da semana:

___/___/___

Fruto do Espírito

Olhando para dentro de mim mesmo, convivendo com pessoas e fazendo aconselhamentos, é muito fácil perceber quantas áreas na vida das pessoas são extremamente difíceis de serem mudadas. Existem coisas do nosso temperamento, da nossa personalidade, do nosso caráter no qual nos sentimos totalmente impotentes em transformar. Parece que, de fato, não conseguimos frutificar em algumas áreas da nossa vida e é justamente nessas áreas que o Espírito Santo de Deus vem para derramar o Seu fruto. **O fruto do Espírito é o conjunto de qualidades de caráter que Deus, através do Seu Espírito, faz brotar em nós.**

Esta semana é de autoanálise, de confissão e de oração. Talvez seja o momento de receber o fruto do Espírito ou, pelo menos, começar a se alinhar para isso. O primeiro movimento é de leitura. Pegue o texto de Gálatas 5:22-23, e o leia várias vezes.

> *"Mas o fruto do Espírito é amor, alegria, paz, paciência, amabilidade, bondade, fidelidade, mansidão e domínio próprio. Contra essas coisas não há lei."*

Separe alguns momentos para ler este texto. São dois versículos, então os leia pela manhã, à tarde e na hora de dormir. Destaque-os no seu celular, faça a leitura várias vezes e guarde este texto no seu coração.

O segundo movimento é o de pegar cada característica do fruto do Espírito, pensar em cada uma delas e fazer uma autoanálise para perceber quais você tem e quais dessas você precisa que o Espírito Santo de Deus frutifique em sua vida. Você deve analisar uma por uma.

Amor: você consegue amar de forma incondicional? Consegue amar pessoas que não merecem o seu amor?

Alegria: você acha que é uma pessoa alegre ou triste? A ansiedade, o estresse cotidiano e as lutas da vida roubam com facilidade sua alegria?

Paz: essa não é a paz que sentimos quando tudo está bem, mas a que sentimos mesmo quando as coisas não vão bem. Você consegue sentir paz em meio às dificuldades da vida?

Paciência: em algumas versões é "longanimidade". Você tem persistência nas coisas que realiza ou desiste facilmente? Você tem paciência para esperar as pessoas mudarem? Tem paciência para esperar o seu caminho frutificar e dar frutos ou é muito imediatista?

Amabilidade: será que você é uma pessoa amorosa? Consegue sentir amor por pessoas que não sejam seu filho ou seus pais? Consegue se compadecer delas?

Bondade: você se vê sendo amável e realizando atos de bondade para com outras pessoas?

Fidelidade: você é alguém confiável, alguém que as pessoas olham e dizem "eu posso confiar nessa pessoa"?

Mansidão: você se acha manso diante de uma situação de conflito? A raiva e a ira são coisas que tomam fácil o seu coração?

Domínio próprio: você se vê como uma pessoa disciplinada, que consegue ter domínio sobre si mesma e sobre as coisas que resolve fazer?

Depois de fazer essa autoanálise, talvez você identifique que algumas dessas características são inerentes à sua pessoa, enquanto outras podem ser extremamente difíceis até de imaginar sendo parte da sua personalidade, do seu temperamento ou caráter. É esse o momento de conversar com Deus – o terceiro movimento é o de confissão, de dizer "Deus, eu reconheço que preciso de alegria, preciso de paz... Que o Senhor produza no meu coração alegria, paz, mansidão, bondade...". Peça a Ele as características do fruto do Espírito que você ainda não possui em seu mundo interior.

Esta é uma semana de autoanálise, não para que você fique se culpando, mas para que você possa se colocar diante de Deus em oração, num acordo, com um coração sincero, clamando e pedindo a

Ele que, com o Seu Espírito Santo, produza dentro do seu coração o fruto do Espírito.

Tenha um bom movimento, uma boa semana e uma ótima experiência com Deus.

Que seja uma semana de silêncio, muito profundo e com muitas respostas!

Experiência da semana:

Ouvir no silêncio

____/____/____

Eclesiastes 3:7 diz que existe tempo de falar e tempo de estar calado. A impressão é de que temos desaprendido este tempo de estar calado. Falamos demais e vivemos em um mundo com muitas vozes, muito barulho e temos perdido a capacidade de ficar em silêncio. A nossa espiritualidade se ocidentalizou demais e esquecemos a capacidade de meditar, de ouvir o nosso coração, a palavra e o próprio Deus falando conosco. Veja o que alguns teólogos e pensadores pensam sobre o silêncio e como a solitude foi uma prática da espiritualidade de Jesus.

“*A solidão é a prática de estar ausente das pessoas e coisas para estar com Deus. O silêncio é a prática de acalmar toda a voz interior e exterior para estar com Deus.*” **Peter Scazzero**

“*Sem solidão, é quase impossível uma vida espiritual.*” **Henri Nouwen**

“*O silencio é assustador porque nos desnuda como nada mais o faz, lançando-nos na completa realidade de nossa vida*” **Dallas Willard**

“*Todavia, as notícias a respeito dele se espalhavam ainda mais, de forma que multidões vinham para ouvi-lo e para serem curadas de suas doenças. Mas Jesus retirava-se para lugares solitários, e orava.*” **Lucas 5:15-16**

Esta semana, portanto, será para exercitar este tempo de calar, de aceitar este silêncio. E como fazer isso? Não irei indicar algum texto bíblico. Sugiro que você escolha. Você pode escolher um texto e usá-lo todos os dias desta semana, ou a cada dia ler um diferente, um que goste ou que mexa com você. Sendo assim, o primeiro movimento é o de leitura. Encontre um lugar reservado onde ninguém o incomode, no qual você possa passar uns cinco ou dez minutos, e, ali, leia o texto vagarosamente, sentindo cada palavra. Depois, passe um tempo em silêncio absoluto. Viva e sinta o silêncio. Perceba para onde vai o seu coração, quais palavras serão ditas por você mesmo e por Deus. Viva esse tempo de quietude. Também pode ser feito de maneira gradativa: você pode ler o texto e passar um minuto em silêncio. Leia de novo e tente passar dois minutos, repita a leitura e tente passar três minutos, depois quatro. Ou, caso prefira, leia o texto uma, duas, três vezes e passe cinco minutos em silêncio logo após. Você pode experimentar uma forma num dia e a outra no dia seguinte. O importante é que você leia o texto que escolher e ouça o que Deus colocar em seu coração.

Que seja uma semana de silêncio, muito profundo e com muitas respostas. Henri Nouwen traz o conceito de que essa quietude nos ajuda a engravidar as palavras. Então, que você possa engravidar as palavras que ler, as palavras que Deus puser no seu coração e as que Ele trará para você. Que essas palavras gerem vida em você! Que Deus te abençoe.

Tenha uma boa semana e um bom tempo de silêncio.

É uma decisão nossa
se vamos focar no
campo árido ou se
vamos voltar os olhos
para o campo verde.

Experiência da semana:

____/____/____

O que te dá esperança?

O que te dá esperança? O que te deixa olhando para o amanhã e feliz por ele? O que faz você sentir o coração batendo forte na certeza de que algo bom vai acontecer? É certo que tanto coisas boas como ruins fazem parte da nossa história e que, muitas vezes, as coisas ruins tiram a nossa esperança. Não podemos fechar os olhos para as coisas ruins, pois não ficaremos bem negando-as. Quantas vezes as pessoas chegam em um momento difícil, em que estamos lamentando eventos que aconteceram ou estão acontecendo, e elas tentam nos mostrar que não foi tão ruim assim? Não funciona. Precisamos aceitar as coisas ruins e encará-las de frente e com naturalidade.

O desafio que temos não é de negar os acontecimentos, mas de colocar o foco naquilo que nos traz esperança, naquilo que há de bom na nossa história de vida, no nosso passado. Colocar o foco naquilo que tem de agradável no nosso presente e no que pode acontecer de bom em nosso futuro. Esta é uma decisão a ser tomada por você e por mim.

A nossa vida tem cenas boas e ruins e é uma decisão nossa se vamos focar no campo árido ou se vamos voltar os olhos para o campo verde.

O capítulo 3 do livro de Lamentações de Jeremias é, para mim, um dos textos mais interessantes sobre esse assunto, porque ele traz as duas realidades, sem negar o problema e nem a dificuldade. Até o versículo 20, Jeremias está simplesmente falando de coisas desagradáveis que aconteceram. Ele lamenta, questiona e fala de uma série de coisas que fazem parte de seus passado e presente. Mas a partir do versículo 21, ele toma uma decisão e diz: "Todavia, lembro-me também do que pode dar-me esperança [...].", em outras versões:" Quero trazer à memória o que me pode dar esperança."

Qual será, então, a experiência dessa semana? O primeiro movimento é ler Lamentações de Jeremias, capítulo 3, e entender sobre o que está sendo tratado. Compreender que há coisas ruins e boas sendo colocadas e que houve uma decisão tomada. O segundo é fazer uma lista em um papel ou no bloco de notas no seu celular, escrevendo os motivos que te fazem ter esperança. A intenção não é negar as partes desagradáveis, mas colocar o foco nas coisas que trazem esperança. Você pode fazer esta lista ao longo da semana ao passo em que for lembrando, quer sejam fatos, coisas que aconteceram, convicções que você tem, uma fé, um sonho ainda não realizado, sempre lembrando do que Jeremias disse:"[...] lembro-me também do que pode dar-me esperança.". Jeremias também fez uma lista e você pode lê-la a partir do versículo 22.

Então, escreva, faça sua lista, coloque-a em um lugar que você sempre possa ver: cole no espelho, coloque na carteira, faça uma arte bonita e use como fundo de tela do celular ou computador. Deixe estes motivos num lugar em que possa vê-los e lembrar do que te traz esperança.

Tenha uma semana cheia de esperança e uma boa experiência com Deus.

Trabalhe a sua confiança em Deus e descanse Nele.

Experiência da semana:

___/___/___

Ansioso?

Esta semana, iremos viver algo para trabalhar a nossa ansiedade. Você se considera ansioso? É difícil achar alguém atualmente que não diga que é ansioso. Parece um sentimento generalizado que atinge todas as pessoas em graus diferentes. Alguns em um nível mais elevado, outros em nível mais baixo, mas todos nós, de alguma forma, temos sido tomados por essa preocupação excessiva. Esta semana, pensemos de modo bem objetivo sobre o nosso deitar e o nosso levantar.

Quantas vezes nos deitamos e não conseguimos dormir, preocupados com o amanhã? Quantas vezes acordamos com a sensação de que não vamos conseguir dar conta de tudo o que temos para fazer? Outras vezes, nem queremos nos levantar com a certeza de que a batalha já está perdida. Trabalhe a sua confiança em Deus e descanse Nele. Concentre-se no primeiro pensamento do dia e na última preocupação da noite para tentar impedir que pensamentos ruins dominem o seu cotidiano e se infiltrem em sua alegria.

Por conta disso, o movimento da semana é muito simples: desafio você a acordar e, antes mesmo de levantar, ter a experiência de ler, em Mateus 6:25-34, as palavras de Jesus, que nos fala para não estarmos tão preocupados com as nossas vidas, com o comer, o beber e o nosso vestir. Esse texto é um bálsamo, é um exercício de confiança. Leia esse texto ao acordar e ao deitar, fazendo com que ele entre em seu coração e possa trabalhar sua confiança em Deus a partir dele. Repita todos os dias desta semana e sinta ele tomando conta do seu coração. Em um dia, ele pode nos falar uma coisa e, no outro, outra coisa.

O desafio é esse: que deixemos Deus entrar em nossos corações e fortalecer a nossa fé por meio do lindo texto que encontramos em Mateus 6:25-34:

> “[...] *portanto, eu lhes digo que não se preocupem com as suas próprias vidas quanto ao comer ou beber, nem com seus próprios corpos quanto ao vestir. Não é a vida mais importante do que a comida, e o corpo mais importante do que a roupa? Observem as aves dos céus: não semeiam nem colhem nem armazenam em celeiros;contudo, o Pai Celestial as alimenta. Não têm vocês muito mais valor do que elas? Quem de vocês, por mais que se preocupe, pode acrescentar uma hora que seja à sua vida? Por que vocês se preocupam com roupas? Vejam como crescem os lírios do campo. Eles não trabalham nem tecem. Contudo, eu lhe digo que nem Salomão, em todo o seu esplendor, vestiu-se como um deles. Se Deus veste assim a erva do campo, que hoje existe e amanhã é lançada ao fogo, não vestirá muito mais a vocês, homens de*

pequena fé? Portanto, não se preocupem, dizendo 'que vamos comer?' ou 'que vamos beber?' ou 'que vamos vestir?'. Pois os pagãos é que correm atrás dessas coisas; mas o Pai Celestial sabe que vocês precisam delas. Busquem, pois, em primeiro lugar o reino de Deus e a Sua justiça, e todas essas coisas lhes serão acrescentadas. Portanto, não se preocupem com o amanhã, pois o amanhã se preocupará consigo mesmo. Basta a cada dia o seu próprio mal.".

Tenham uma boa semana e uma boa experiência com Deus.

Perceberemos como Deus é grande e maravilhoso!

Experiência da semana:

Você já viu Deus?

____/____/____

Esta semana será para abrirmos os olhos e entendimento para ampliarmos nossa percepção de Deus. Como isto é possível? Em Romanos 1:20, Paulo diz que desde a criação do mundo os atributos invisíveis de Deus, seu eterno poder e sua natureza divina têm sido vistos claramente, sendo compreendidos por meio das coisas criadas. Pessoalmente, eu gosto da versão de "A Mensagem":

> "*[...] a verdade essencial sobre Deus é muito clara. Abram os olhos e poderão vê-la! Se analisarem com cuidado o que Deus criou, serão capazes de ver o que os olhos deles não enxergam: poder eterno, por exemplo, e o mistério do ser divino.*".

É interessante quando ele usa "Abram os olhos e poderão vê-la! Se analisarem com cuidado o que Deus criou [...]", pois, quando olhamos para a natureza, para as coisas que Deus criou, a diversidade de animais, de plantas, de flores... Quando olhamos para o ser humano, para o nosso corpo e a complexidade da nossa mente, percebemos Deus por trás de tudo isso. É o que Paulo está dizendo. Os atributos invisíveis do Seu poder eterno e Sua divindade são claramente vistos desde a criação do mundo, sendo percebidos mediante as coisas criadas.

A experiência desta semana é abrir seus olhos, como diz na versão de "A Mensagem", "Abram os olhos e poderão vê-la!". Abra seus olhos para perceber, contemplar as obras da criação do nosso Deus ali revelado. Particularmente, quando olho para o mar, quando estou na praia, compreendo muito sobre Deus. O mar diz muito para mim a respeito de quem é Deus, dos Seus atributos. Eu olho para ele e percebo uma profundidade, uma imensidão, um mistério insondável. Para mim, o mar traz essas imagens de força, mistério, profundidade e diversidade que tem dentro dos lugares escuros ainda não conhecidos pelo ser humano. A experiência é você abrir os olhos para enxergar, para buscar na natureza, nas coisas que Ele criou, uma revelação sobre Ele. Talvez você viva em uma cidade com muitos prédios, muito trânsito, mas, às vezes, basta pararmos e olharmos para o alto, para o céu, e perceberemos como Deus é grande e maravilhoso! Você pode olhar para um passarinho que pousou na sua janela, uma planta ou até mesmo para as pessoas. Olhe para seu filho dormindo, olhe para si mesmo no espelho, pois você é obra da criação de Deus. Quando olhar para uma flor, uma borboleta, para qualquer coisa que Deus criou, perceba que tudo é fantástico, maravilhoso e revela muito sobre Ele. Então esta semana será para abrir os olhos e estar atento, não focar no que o homem fez a partir do que Deus criou e sim olhar diretamente para aquilo que Ele gerou e vê-lo nisso.

Que Deus te abençoe e dê uma semana de muita consciência a respeito de quem Ele é, de muita percepção, de olhos abertos e que possa enxergá-lo de uma forma muito simples.

Tenha uma boa semana e uma ótima experiência com Deus.

Experiência da semana:

Tive fome

____/____/____

A experiência desta semana será algo simples, mas não significa que será fácil. O desafio é dar comida a alguém que estiver com fome, água a quem estiver com sede, de acolher alguém que esteja na rua, de cuidar de um enfermo, dar roupas a quem esteja necessitando ou visitar alguém que esteja preso. Como dito, são ações simples, mas não são fáceis de fazer. Você já deve saber de onde vêm essas categorias (fome, sede, enfermidade, forasteiro, preso e necessitado de roupas): Mateus, capítulo 25. No discurso de Jesus, em que Ele diz que todas as nações seriam reunidas diante Dele e Ele separaria umas das outras. Ele diz que o Rei dirá aos que estiverem à sua direita "vem, bendito de meu Pai, receba como herança o reino que lhe foi preparado desde a criação do mundo, pois eu tive fome e vocês me deram de comer, tive sede e vocês me deram de beber, eu fui estrangeiro e vocês me acolheram, necessitei de roupas e vocês me vestiram, estive enfermo e vocês cuidaram de mim, estive preso e vocês me visitaram.". O texto diz que os justos lhe responderam: "Senhor, quando te vimos com fome e te demos de comer, ou com sede e te demos de beber, quando te vimos como estrangeiro e te acolhemos, ou necessitado de roupas e o vestimos, quando te vimos enfermo, preso e fomos te visitar?". O Rei respondeu: "Digo-lhes, na verdade, o que vocês fizeram a alguns dos meus menores irmãos, a mim o fizeram".

O texto ainda continua e, nos versículos 41-45, Ele se volta para aqueles à sua esquerda e diz: "Tive fome e vocês não me deram de comer, eu tive sede e nada me deram para beber, eu fui estrangeiro e vocês não me acolheram, necessitei de roupas e vocês não me vestiram, estive enfermo ou preso e vocês não me visitaram.". Eles também respondem: "Senhor quando te vimos com fome, sede, com necessidade de roupa, enfermo, preso e não te ajudamos?". Ele respondeu: "Digo-lhes, na verdade, que quando vocês deixaram de fazer algo para um destes meus pequeninos, também a mim deixaram de fazer".

Jesus nos deixa completamente sem saída nessa sua fala, nesse seu discurso. Estamos cercados por pessoas com fome, com sede, estrangeiras, enfermas, necessitadas de roupas, presas. O desafio Dele não parece uma opção, não é uma alternativa ou uma proposta para caso você queira fazer. Ele simplesmente se coloca no lugar dessas pessoas e nos manda ir em direção a elas. Não importa qual região do país moremos, temos pessoas perto de nós nessas condições.

A experiência desta semana será a de realizar um movimento muito simples: sair do seu lugar de estagnação e ajudar alguém com fome ou sede, um forasteiro, enfermo ou preso. Comece orando e pedindo a Deus sensibilidade para perceber a oportunidade quando ela aparecer no meio da sua semana. A oportunidade vai aparecer, basta abrir os olhos e deixar o coração sensível e ajudar alguém. É como se Jesus dissesse:

> “Vocês *querem fazer algo para mim? Façam isto.". É muito forte quando Ele diz "[...] estive com fome, não me destes de comer, estive com sede não me destes de beber* [...]".

Como é forte imaginar Jesus dizendo isso para nós. Que sejamos seguidores de Cristo sensíveis à realidade que está à nossa volta.

Volto ao que disse no começo: é simples, mas não é fácil. Existem barreiras para conseguirmos fazê-lo. Às vezes ficamos dizendo:"Eu já ajudo alguém, eu já contribuo com a instituição de caridade!". Essa é uma resposta clássica que usamos para justificar que, ao passarmos por pessoas em situações como as citadas, não fazemos nada.

Esta semana é para você se desarmar e ajudar alguém. Desarme-se dos seus argumentos, das suas desculpas e dê auxílio a uma pessoa que passa por uma ou mais daquelas situações. Olhe para essa pessoa como sendo o próprio Cristo e cuide dela. I João 13:18 diz: "Filhinhos, não amemos de palavra nem de boca, mas em ação e em verdade". Então, que esta seja uma semana de obra e de verdade do amor de Deus no seu coração.

Uma boa semana e uma boa experiência com Deus.

Um pouco menos de "eu" e
um pouco mais do outro,
um pouco mais, de fato,
do nosso próximo.

Experiência da semana:

Um pouco menos de "eu"

____/____/____

Para esta semana, proponho uma experiência com Deus com um pouco menos de "eu". Muitas vezes, a nossa espiritualidade gira em torno de nós mesmos, das nossas necessidades, das nossas angústias, das nossas dores. Não creio numa espiritualidade saudável e que tenha, de fato, conexão com o Deus revelado nas escrituras e com "eu" no centro. Este "eu" precisa ser destronado e, esta semana, esqueça um pouco de si mesmo, pare de pensar nos seus amigos, nos seus problemas, nas suas dificuldades e foque a atenção nas pessoas que têm sofrido com situações complicadas. Não será difícil encontrar pessoas que estejam em situações extremas de sofrimento, pois basta uma olhada rápida nos jornais para encontrá-las. O desafio da semana é focar a atenção nisso, algo que não gostamos de fazer.

Preferimos fugir das realidades, dos problemas e não ficamos olhando, pois não nos sentimos bem, sofremos e nos protegemos. Mas nada disso adianta. Vivemos em um mundo cheio de problemas, com muita dor para todos os lados e não temos como fugir. Nesta semana, ore por pessoas que sofrem, coloque a vida delas diante de Deus, sensibilize-se em relação a essas situações. Esqueçamos um pouco do "eu" e foquemos em nosso semelhante, em pessoas que estão sofrendo na mesma região, no mesmo país que nós vivemos.

Em um livro chamado Toque as Feridas, de Tomás Halík, ele diz, na página 14:

> “ *[...] eu não acredito em deuses e não acredito em religiões que dançam no palco deste mundo, sem serem afetadas por suas feridas, sem arranhões, sem cicatrizes, sem queimaduras.".*

Na página 17, ele diz que:

> “ *[...] nós não podemos fugir das feridas do mundo e voltar as costas para elas. Precisamos, no mínimo, vê-las, tocá-las e permitir que elas nos comovam.".*

Ainda nessa mesma página:

> “ *[...] eu não tenho o direito de confessar Deus, se eu não levar a sério a dor dos meus próximos.".*

Esta semana, ore por pessoas do nosso país, da nossa região, da cidade em que moramos, das ruas, do trabalho ou do condomínio, até perto da gente às vezes. Ore por pessoas que estão sofrendo, vivendo situações que não imaginamos um dia experimentar. Pare um tempo esta semana e, todos os dias, ore por essas pessoas, acompanhe os noticiários e toque essas feridas. Se neste momento de oração Deus mexer com você, te conduzir a alguma ação ou a uma iniciativa de ajudar, faça isso. Na internet, procure saber como pode ajudar, como participar. Busque uma espiritualidade que não esteja voltada apenas para suas próprias feridas, mas para as que nos cercam, as do nosso semelhante. Um pouco menos de "eu" e um pouco mais do outro, um pouco mais, de fato, do nosso próximo.

> "*Se um irmão ou irmã estiver necessitando de roupas e do alimento de cada dia e um de vocês lhe disser: 'Vá em paz, aqueça--se e alimente-se até satisfazer-se', sem, porém, lhe dar nada, de que adianta isso? Assim também a fé, por si só, se não for acompanhada de obras, está morta.*" **Tiago 2:15-17**

Nesse espírito, nesse sentimento, naquilo que Tiago nos traz na escritura, na oração que você vai ter, que esta oração te mova, te comova e te leve a uma atitude em direção a pessoas que estão sofrendo no nosso país.

Uma boa semana e uma boa experiência com Deus.

Precisamos ter a coragem de parar e descansar.

Experiência da semana:

____/____/____

Cansado

Tem se sentido cansado? Já percebeu que não é tão difícil assim encontrar alguém bem cansado hoje em dia? Parece que todas as pessoas estão exaustas. Quando estamos numa roda, sempre tem alguém dizendo que está cansado, que está difícil, que tem sido um momento complicado. As pessoas estão cansadas e parece que tudo o que foi criado para facilitar a nossa vida tem deixado os nossos dias ainda mais cansativos. Em meio à correria da vida, muitas vezes precisamos ter a coragem de parar e descansar. É fácil perceber na Bíblia que o descanso é algo muito importante para Deus, é um princípio da criação, da natureza, do próprio Deus. É um princípio ético-moral que Deus deixou para o Seu povo, na Sua lei.

Em Gênesis 1 e 2, temos o relato da criação. O primeiro capítulo relata os seis dias em que Deus criou a Terra, o universo e tudo o que nele existe, e, os versículos 1 e 2 do capítulo 2, dizem que no sétimo dia Deus já havia concluído a obra, e que nesse dia Ele descansou. E não apenas fez isso, mas ensinou ao homem a dar descanso à terra, aos animais e aos trabalhadores. Quando lemos o livro de Levítico, temos leis orientando o povo a dar descanso ao animal, à terra e aos trabalhadores.

Hoje em dia, existe uma certa culpa nas pessoas por descansar, mas descansar é divino, é de Deus, vem de Deus. É claro que se você não trabalha e vive descansando, seu problema é outro, mas existem pessoas que trabalham, trabalham e não conseguem descansar.

O desafio desta semana é muito simples: você deve fazer o que Deus fez, fazer o que Ele orientou a fazer com a terra e com o animal, será o de você separar um dia, um momento ou um turno para descansar. Não estou falando de dormir, mas de destacar um tempo em que você deve parar, relaxar, fazer uma coisa que você gosta e santificar esse momento. Em Êxodo 20, quando Moisés vai apresentar os 10 Mandamentos, ele fala para santificar o sábado. Esse dia de descanso é santo, é um dia separado, um dia que Deus nos orientou a reservarmos para descansar. Quando descansamos, olhamos para o que fizemos e renovamos a nossa força para continuar.

Todos precisamos de descanso, e eu desafio você, hoje, de uma forma muito prática, muito simples, a descansar. Você se conhece. Sabe do que você gosta, daquilo que te dá prazer. Talvez você diga: mas não tenho tempo para descansar. Será? Não será esse o argumento que você tem usado, semana após semana, para sabotar seu descanso? Lembre-se de que tempo é uma questão de prioridade. Coloque o seu descanso como algo importante para você. Separe um momento para relaxar e renovar a sua força. O descanso é o momento em que olhamos para o que foi feito e agradecemos por isso, retomamos os nossos ânimos para aquilo que ainda há de ser feito. Que tal nesta semana você começar a viver a experiência do descanso, fazendo aquilo que Deus fez e nos orientou fazer?

Tenha uma boa semana, uma boa experiência com Deus e um ótimo tempo de descanso.

Quando dormir se
torna um grande
desafio e acordar
uma grande luta, é sinal
de que o cansaço atingiu
o nosso âmago.

Experiência da semana:

____/____/____

Descansar em Deus

Uma das experiências foi a de separar um dia para descansar seguindo o princípio bíblico. Nesta semana,o desafio é sobre um descanso diferente, o descansar em Deus. Isaías 40:29-31 fala que Deus fortalece o cansado e dá vigor ao que está sem força. Ele diz que os jovens cansam e ficam exaustos, mas aqueles que esperam no Senhor renovam as suas forças. Então, nesta semana, renove as forças, esperando em Deus, descansando Nele.

Descansar em Deus parece algo fácil, mas exige muita fé. Existem duas coisas muito simples na vida que se tornam bem difíceis quando estamos cansados ou sobrecarregados, quando a exaustão atinge a nossa alma: dormir e acordar. Quando dormir se torna um grande desafio e acordar uma grande luta, é sinal de que o cansaço atingiu o nosso âmago. Nesta semana, experimente dormir e acordar descansando em Deus. Para isso, durma e acorde lendo dois textos específicos; para dormir, leia o Salmo 4:8 e o Salmo 127:2. O primeiro diz:

> “*Em paz me deito e logo adormeci, pois só tu, Senhor, me fazes de viver em segurança.*”.

Quantas vezes nos deitamos e ficamos nos revirando de um lado para o outro, pensando e tentando solucionar os nossos problemas? O Salmo 127:2 completa:

> “*[...] Inútil vos será levantar de madrugada, repousar tarde, comer o pão de dores, pois ele supre aos seus amados enquanto dormem."* **Salmos 127:2**.

A experiência desta semana será de, ao se deitar, reler esses textos, descansar em Deus e dizer: “Pai, fico em paz, deito e logo adormecerei, e sei que o Senhor trabalha enquanto durmo.”. Então, ficar acordado, levantar-se de madrugada, repousar tarde é inútil, como diz o Salmo 127:2, pois “Deus supre seus amados enquanto eles dormem.”.

Isso feito, acorde com outros dois textos. O primeiro, Salmos 3:5, diz: “Eu me deito e torno a acordar, porque é o Senhor que me sustém.”. Desafio você a acordar, abrir seus olhos e lembrar que, se você está vivo, é porque o Senhor está te sustentando e te dando mais um dia. Ele está te dando um presente: este tempo que se chama “hoje”. Acordar, abrir os olhos, estar vivo, perceber que se está respirando, são formas de renovarmos a nossa esperança em Deus. Assim como as misericórdias do Senhor se reiniciam a cada manhã, a nossa recomeça também ao acordarmos.

Em seguida, você deve ler Êxodo 14:5, que profere que, quando o povo estava ali diante do Mar Vermelho, de uma grande dificuldade, eles clamaram a Deus e murmuram a Moisés dizendo que Ele os tinha levado para morrer ali. Moisés vai conversar com Deus e disse o Senhor a Moisés: "Por que clamas a mim? Diz aos filhos de Israel que marchem.". Descansar em Deus é também caminhar, é marchar em direção àquilo que tem que ser feito. O desafio desta semana parece simples, mas é muito difícil. Deve-se dormir em paz e acordar cheio de esperança, lembrar que é o Senhor que nos faz viver em segurança, que Ele trabalha por nós enquanto dormimos, acordar cheio de alegria e de força sabendo que Deus que o sustenta e o mantém vivo, e que a Sua misericórdia se renova, e, por isso, mais um dia se inicia em sua vida. Por esta razão, se estamos acordados e existe algum mar à nossa frente, precisamos atravessar, porque caminhar também é descansar e confiar em Deus.

Tenha uma boa semana, um bom deitar e um excelente acordar esta semana. Que Deus o abençoe.

A certeza e a segurança
de que somos amados
nos deixa tranquilos
para vivermos em paz
e construirmos uma
relação sossegada com
quem amamos.

Experiência da semana: ____/____/____

Eu te amo

A experiência desta semana tem ligação com todas as nossas relações de amor, sejam elas quais forem. Nós temos relações de amor com amigos, cônjuges e familiares, e uma das coisas que tem me incomodado, ou talvez simplesmente tenho notado, é que somos muito ruins em nos comunicarmos e deixarmos claro o amor que sentimos. Às vezes tenho a oportunidade de conversar com pais que amam profundamente seus filhos, mas, ao conversar com estes, percebo que não têm assim tanta certeza ou não percebem esse amor de forma tão clara. Aconselhando casais, às vezes percebo que se amam profundamente, mas, ao mesmo tempo, têm uma certa dúvida a respeito desse amor. É como se o amor não fosse comunicado. É até uma frase que eu digo sempre:"Não basta você amar o seu filho, ele precisa saber disso. Não basta você amar sua esposa, ela precisa ter certeza disso. Não basta você amar o seu marido, ele precisa não duvidar disso." A certeza e a segurança de que somos amados nos deixa tranquilos para vivermos em paz e construirmos uma relação sossegada com quem amamos.

O desafio desta semana será o de você comunicar o amor que sente e deixá-lo claro para as pessoas com quem você se relaciona. Comunique-se com um amigo e diga: "Meu amigo, eu te amo.". Dirija-se à sua esposa, ao seu esposo, aos seus filhos, seus pais e deixe claro o quanto você os ama. Será uma semana para comunicar o amor que sente, e não é difícil saber para quais pessoas dizer, mas são exatamente essas que muitas vezes não têm tanta segurança ou certeza do seu amor por elas. Então, procure-as, encontre uma forma de demonstrar. Pode ser com um gesto, com uma palavra ou com a tão batida frase: "Eu te amo". Às vezes, por ser clichê, deixamos de dizê-la e o outro deixa de sentir e de ter a certeza do seu sentimento. Então, comunique-se, deixe claro. Encontre maneiras criativas ou não criativas, mas não deixe de fazer isso.

Em Romanos 5:8, Paulo deixa muito claro o quanto Deus deu a prova do seu amor para conosco:

> "*[...] em que Cristo morreu por nós, sendo nós ainda pecadores [...]*".

Deus não apenas nos amou, mas deixou isso claro, Ele deu prova disso quando deu Seu filho para morrer por nós. O desafio da semana é aparentemente simples, mas todos temos nossos bloqueios e nossas dificuldades. Por isso, ore, peça a Deus que lhe dê uma oportunidade para que, de forma contrária ao seu travamento, possa dizer o que sente ou demonstrar através de um ato, de um gesto, de um cartãozinho, de uma mensagem no WhatsApp, comunique o amor que você sente pelas pessoas que convivem com você.

Tenha uma semana de muito amor e uma boa experiência com Deus.

Experiência da semana:

Ore

___/___/___

Esta semana é de oração, e o desafio consistirá em orar por pessoas que você não conhece que estão aflitas, sofrendo com perdas ou enfermidades. Em Tiago 5:13 diz:

"Está alguém entre vós aflito? Ore".

Quantas pessoas, nesse momento, estão agoniadas porque perderam parentes, suas casas, ou estão sofrendo consequências de enfermidades ou de acidentes? Elas estão angustiadas e o desafio da palavra de Deus é orar, colocar o nosso coração em sintonia com o dessas pessoas em sofrimento e com o coração do Pai, pedindo a Ele que as abençoe, que cuide delas.

Algumas pessoas não gostam muito de ficar pensando em sofrimento e, quando veem uma notícia sobre, já desligam a tv pois não querem ficar pensando e se afligindo com aquilo. Não se isole do sofrimento, pois ele está ao nosso redor e, se fugimos dele, vamos nos desumanizar. O sofrimento de outras pessoas nos humaniza, nos deixa mais sensíveis, mais conectados com as necessidades do outro e nos faz esquecer até dos nossos próprios problemas. Então, ore. Ore por alguém aflito que você não conhece.

Outra coisa abordada em Tiago 5:13-16, é que a oração feita por um justo pode muito em seus efeitos. Orar não é apenas um exercício para que você possa resgatar sua humanidade, uma forma de você se tornar um cristão melhor. Nós cremos na oração. Esta semana pode fazer a diferença na vida das pessoas que estão sofrendo. **Em Tiago 5:16 temos: "A oração feita por um justo pode muito em seus efeitos."**. Tiago fala, no capítulo 5 de sua carta, que Elias orou e Deus atendeu à sua oração. Ele era um homem como nós, sujeito a falhas e limitações. Então, ore não apenas como um exercício espiritual, mas crendo que pode fazer a diferença na vida de alguém. É tempo de orar uma oração que irá humanizar o nosso coração e poderá mudar completamente a vida de outra pessoa.

Eu o desafio esta semana a separar um tempo diariamente para lembrar dessas pessoas, orar por elas, colocar a vida delas diante de Deus e pedir a Ele que leve conforto e consolo, que coloque pessoas para lhes ajudar, prover sustento e apoio. Que possamos interceder por essas vidas.

Tenha uma boa semana, um bom tempo de oração e uma ótima experiência com Deus.

Coloque perante ao
Pai aquilo que está
afligindo tua alma,
teu coração e que está
perturbando a sua mente.

Experiência da semana:

Ansiedade

____/____/____

O que fazer quando a ansiedade toma conta da nossa mente e do nosso coração? Proponho um caminho espiritual para aliviar esse peso e abraçar a paz. A experiência será baseada em Filipenses 4:6-7, quando Paulo diz:

> "*Não andem ansiosos por coisa alguma, mas em tudo, pela oração e súplicas, e com ações de graças apresentem seus pedidos a Deus. E a paz de Deus, que excede todo entendimento, guardará os seus corações e as suas mentes em Cristo Jesus.*".

Esta semana, de acordo com o texto, iremos orar.

O primeiro versículo diz: "Não andem ansiosos por coisa alguma, mas em tudo, pela oração e súplicas, e com ação de graças, apresentem seus pedidos a Deus.". Quantas vezes ficamos com algo martelando na nossa mente, conversamos com pessoas, mas parece que não alivia a nossa ansiedade? Pelo contrário, muitas vezes entramos em um ciclo de retroalimentação da ansiedade ao ficar falando sobre ela o tempo todo. Propõe-se que você converse com aquele que, de fato, pode fazer alguma coisa e que conhece o seu coração como ninguém. O desafio será o de apresentar os pedidos a Deus. E como podemos fazer isso? O texto fala de oração e súplicas, que parecem ter o mesmo sentido, mas súplica traz a ideia de que estamos pedindo algo de forma muito intensa a Deus. É mais do que uma oração, é mais do que um pedido, é uma súplica. O desafio desta semana será para que você ore e, com súplicas, apresente seu pedido a Deus, que você chore diante Dele, coloque perante ao Pai aquilo que está afligindo sua alma, seu coração e que está perturbando a sua mente. Esta será uma semana para você se colocar diante do Pai e conversar com Ele.

Várias vezes aconselhei pessoas que conversaram comigo para tratar de um problema ou uma angústia. Geralmente, pergunto: "Você já falou isso para Deus? Já conversou com Ele? Já disse para Ele o que está afligindo o seu coração? Já apresentou os seus pedidos a Deus em oração e suplicou?". Às vezes ficamos presos à ansiedade e não temos humildade para dobrarmos nossos joelhos e levarmos nosso pedido a Deus. Faça isso esta semana.

O texto ainda fala de outro ingrediente importante que tem a ver com o coração, porque quando ele diz: "[...] e com ação de graças, apresente seus pedidos a Deus." parece que a gratidão faz parte dessa faxina espiritual da alma e da mente. Então, não apenas suplique a Deus, mas faça isso com gratidão. No momento em que percebermos que nem tudo está ruim, quando em nossas orações agradecermos, a nossa alma descansará.

Para esta semana, coloque suas súplicas, seus pedidos, diante de Deus e faça isso com ações de graça, colocando diante de Dele a sua gratidão, porque se é certo que há muitas coisas difíceis à nossa frente, também é certo que Deus tem nos abençoado e nos guiado. Colocar nossos pedidos diante Dele e agradecermos é uma forma de experimentarmos a paz de Deus, que excede todo entendimento, e ela guardará os nossos corações e as nossas mentes em Cristo Jesus.

Tenha uma boa semana e uma boa experiência com Deus.

Que possamos tratar
a nossa alma, ter um
olhar mais positivo em
relação à vida pensando
em coisas boas.

Experiência da semana:

Só coisas boas

____/____/____

Você acredita que dá para controlar os pensamentos? Sim? Não? Há uma história que compara o pensamento a um passarinho que passa por cima da nossa cabeça. Não temos como evitar que ele passe por cima de nós, não temos como impedir que faça suas necessidades ali, entretanto, uma coisa nós podemos evitar: que o passarinho faça um ninho. Com os nossos pensamentos é a mesma coisa. **Não podemos evitar que pensamentos ruins e ideias negativas passem em nossa mente. Não temos como controlar, mas temos como evitar que esse "passarinho" faça ninho na nossa cabeça,** ou seja, que fique guardado na nossa mente e encontre morada em nosso coração.

Uma das formas para colocar para fora as coisas ruins da cabeça, é enchê-la de coisas boas. Por isso, em Filipenses 4:8, Paulo diz:

> "*Finalmente, irmãos, tudo o que for verdadeiro, tudo o que for nobre, tudo o que for correto, tudo o que for puro, tudo o que for amável, tudo o que for de boa fama, se houver algo excelente ou digno de louvor, pensem nessas coisas.*".

Paulo traz um imperativo para que pensemos em coisas boas. Portanto, essa semana será para se afastar um pouco das fontes de pensamentos negativos, seja o noticiário ou o WhatsApp, aqueles grupos que mandam notícias ruins o tempo todo. Pare de buscar na internet razões para alimentar a desesperança, o medo e a ansiedade no seu coração. Depois, pense em coisas boas. Como você pode fazer isso? Lendo um bom livro, por exemplo. Pegue a palavra, leia sobre o que Jesus disse ou a carta de João ou um texto de Paulo. Separe uma música que goste, escute uma que te traz paz. Selecione algumas músicas cristãs e faça uma *playlist* para ouvir no seu carro no dia a dia com canções sobre coisas boas. Escolha uma pregação ou reflexão para ouvir. Ler esse livro já é uma forma de guardar na sua mente aquilo que é bom, puro, amável, de boa fama, excelente e digno de louvor.

Paulo diz: "[...] pensem nessas coisas.", e o resultado será uma semana de esperança, de paz, otimista, com menos ansiedade. Que possamos tratar a nossa alma, ter um olhar mais positivo em relação à vida pensando em coisas boas.

Que Deus o abençoe. Tenha uma boa semana e uma ótima experiência com Deus.

Mostre-me sua lista
de pedido de oração que
eu conhecerei também o
seu coração.

Experiência da semana:

Meus pedidos

___/___/___

A experiência desta semana será para melhorar o nosso coração. Eu quero desafiá-lo a fazer listas com pedidos de oração. Como costumo dizer: "Mostre-me sua lista de pedidos de oração que eu conhecerei também o seu coração, porque elas revelam muito sobre nós.". Tiago 4:3 diz:

> "*[...] pedis e não recebeis, porque pedis mal, para gastardes em vossos deleites.".*

Os nossos pedidos de oração irão revelar onde e de que forma está nosso coração.

Faça uma lista com seus pedidos de oração do passado. O que você tem pedido a Deus neste último ano da sua vida? Quais são seus principais pedidos? Talvez você já tenha essa lista, pois algumas pessoas têm o hábito de fazê-la, mas, se não tiver, desafio você a pegar um papel ou um bloco de notas e tentar lembrar das coisas que você pediu anteriormente. Analise essa lista, pois ela mostrará muito sobre você. O que esses pedidos revelam sobre o seu coração?

Há algumas perguntas que devem ajudá-lo a fazer essa análise: será que você está pedindo apenas por coisas materiais? Será que você tem orado apenas por seus familiares ou pessoas queridas?

Existe, em sua lista, orações por pessoas que você não conhece? Na sua lista de pedidos de oração, você tem contemplado situações de sofrimento que cercam você na sua cidade, no seu país? Você tem orado por situações extremas de sofrimento, como desastres e catástrofes naturais? Você tem orado por pessoas que têm dedicado a vida para ajudar outras?

Perceba como olhar com atenção para esta lista revelará muito sobre quais são as suas prioridades e o que é importante para você. Vai revelar o seu tesouro e, onde estiver o seu tesouro, lá estará o seu coração. Essas duas ações serão de análise, de confronto com a realidade, de saber que tipo de busca espiritual você tem tido. Indicarão em que lugar você tem posto a sua energia, e, principalmente, o seu clamor. Talvez a sua lista mostre coisas boas sobre o seu coração.

Agora, faça uma nova lista, uma que eu, particularmente, chamo de "a lista ideal". Ela ajudará você a melhorar o seu interior, pois, se é verdade que nós oramos por aquilo que está em nosso coração, também é verdade que, se orarmos por coisas boas, nosso coração será bom. Por isso, o desafio é fazer uma lista de pedidos de oração que aperfeiçoe o seu coração, que contemple pessoas que você não gosta, situações difíceis do seu país, que inclua pessoas necessitadas na sua cidade, que tenha pedidos de reconciliação, clamando por forças para perdoar... Uma lista bem diferente da primeira.

E, por último, ore por esses pedidos que estão na lista ideal e perceba, de forma bem especial, Deus trabalhando no seu coração, melhorando-o. Essa lista ideal talvez não seja a expressão atual do seu âmago, mas, com o tempo, ela deverá se transformar em verdade.

Que Deus o abençoe. Tenha uma boa semana e uma excelente experiência com Deus.

Separe um tempo para estar com as pessoas que você ama.

Experiência da semana:

Fazer, fazer

____/____/____

Você tem muitas coisas para fazer? Imagino que sim. A impressão que muitas vezes temos é a de que, se não fizermos algo ou se pararmos um pouco, seremos atropelados por nossas responsabilidades e tarefas. Por isso, precisamos de uma rotina que nos ajude a dar conta de tantas coisas. Mas, cuidado, pois a rotina pode ser sua inimiga se te desconectar das pessoas que você ama. Desse modo, esta semana, foque em estar com as pessoas que ama.

O texto escolhido para esse desafio foi Lucas 10:38-42, em que Jesus vai à casa de Marta e Maria e passa um tempo com elas. Podemos tirar muitas lições dessa história. Perceba a maneira como Jesus prefere a atitude de Maria, que, em vez de correr de um lado para o outro fazendo coisas para Ele, para tudo só para estar com Ele, enquanto Marta está correndo de um lado para o outro, preocupada e cansada com tantas coisas. Ele destaca que Maria escolheu a boa parte e que esta não será tirada dela. Olhando para essa história de Jesus com Marta e Maria, eu pergunto: em relação às pessoas que ama, você tem sido mais Marta ou mais Maria? Você tem passado mais tempo fazendo coisas para as pessoas que ama ou estando com elas?

De fato, fazer coisas para as pessoas que nós amamos é importante, inclusive, é esse fazer, esse serviço, que pode ser entendido como uma das linguagens do amor, mas nada substitui o estar. No final de tudo, são os momentos que passamos com as pessoas que amamos que marcam profundamente a vida delas. Por conta disso, esta semana vigie e preste atenção se não está focando demais em fazer coisas para as pessoas que ama e passando pouco tempo com elas. Se você é pai ou mãe, com certeza costuma ter uma rotina muito pesada com os filhos e corre o risco de viver fazendo coisas para eles e não com eles, de não investir tempo em sentarem para fazer nada, conversar besteira, jogar, ler um livro, assistir a um filme... Os casais também estão cada um fazendo mil coisas, dando conta das responsabilidades e não investindo tempo estando com as pessoas. Em razão disso, desafio você a, além de ler os versículos, vigiar e perceber se não está focado demais ou perdido no fazer.

Intencionalmente, separe um tempo para estar com as pessoas que você ama. Essa parte, de acordo com Jesus, é a boa parte que não nos será tirada: o tempo que gastamos e investimos estando com as pessoas que amamos. Que neste contato com pessoas você possa ter experiências tremendas com Deus ao perceber que Ele está ali fortalecendo os vínculos, está estabelecendo contato, comunhão, amizade, laços de amor e de afetividade. Que esta semana seja para estar com as pessoas que nós amamos.

Tenha uma boa semana, um ótimo tempo com as pessoas que você ama e uma boa experiência com Deus.

Não ter momentos solitários asfixia a nossa alma.

Experiência da semana:

Sozinho?

____/____/____

Estar só pode ser muito ruim, mas não ter momentos em que você possa ficar sozinho pode ser muito pior. Não ter momentos solitários asfixia a nossa alma. Existe diferença entre solidão e solitude. A solidão é quando você está só porque uma circunstância o levou a sentir-se só, a não ter apoio, a não ter pessoas ao seu lado. A solidão não é uma escolha sua. Você foi levado a este estado por um abandono, uma circunstância e estar só não é bom. Isso é a solidão. Mas existe a solitude, que é quando você toma a decisão de pedir por um momento solitário. **Na solitude, você está sozinho com um propósito.** Nós precisamos desses momentos na nossa semana, no nosso mês. O evangelho de Lucas relata que Jesus tinha seus momentos de solitude. Ele se retirava para lugares solitários e desertos para orar. O deserto não é bom, é sempre um lugar ruim na vida da gente, mas Ele se retirava para esses lugares e orava. Jesus precisava disso, desses momentos sozinho, contemplava a Sua própria individualidade com o Pai, chorando e tendo o seu tempo de comunhão com Deus.

Nesta semana, retire um tempo para ficar sozinho orando, lendo a palavra, ficando em silêncio. Trago algumas orientações para esse seu tempo de solitude. Primeiro: tome a decisão e agende-a. Se você não separar um tempo do seu dia para ficar sozinho, não vai conseguir. Faça isso dentro do seu quarto ou do seu carro. Você pode realizar isso dando uma parada no meio do seu dia em algum lugar para que fique sozinho, quieto. Segundo: se desligue do mundo virtual, pois você pode até estar isolado naquele ambiente, mas se o seu celular ficar a todo momento recebendo notificação você não vai conseguir parar e ter um momento sozinho. Então, desconecte-se para poder viver o tempo de conexão com Deus.

Uma vez que você agendar e conseguir separar esse tempo, o que fazer? Há 3 desafios para este momento de solitude. Primeiro: ficar em silêncio. Experimente ficar sozinho e passar um tempo sem falar nada, sem elaborar nada para Deus. Apenas em silêncio. Segundo: tenha um momento de oração em que você conversa com o Pai, coloca a sua vida e as coisas que estão no seu coração diante Dele. Não precisa de um assunto específico. Converse. E, terceiro: leia um texto bíblico. A leitura é o tempo de ouvir a voz de Deus. Neste momento, sugiro o evangelho de Lucas, visto que é um evangelho devocional que ressalta várias orações. Ele possui parábolas que falam sobre oração. Jesus está sempre orando, fazendo várias orações. Desafio-o a ler o evangelho de Lucas nesse tempo sozinho. Separe esse tempo e viva um momento de silêncio, oração e leitura da palavra. Quando você parar para ficar sozinho, se desconecte e avise às pessoas com quem convive que você vai passar aquele tempo desligado, explique o propósito e sinalize. Viva um momento de solitude no qual você poderá ter um tempo bem especial com Deus.

Tenha uma boa semana, uma ótima experiência com Deus, um belo momento de solitude e que Deus o abençoe.

Deus dá sabedoria
a todos que
pedirem a Ele.

Experiência da semana:

Sabedoria

_____/_____/_____

Você tem pedido sabedoria a Deus? Faz parte da sua oração pedir isso a Ele para questões específicas da sua vida? I Tiago 1:5 diz:

> "*Se algum de vocês tem falta de sabedoria, peça a Deus que a todos dá livremente, de boa vontade, e ela será concedida.*".

Esse texto é muito forte, assertivo e tem muita certeza ao afirmar que Deus dá sabedoria a todos que pedirem a Ele. Ele fará isso livremente, de boa vontade. Parece que a questão do texto não é se Deus vai dar sabedoria ou não, mas se pediremos ou não. A pergunta é: quem de nós reconhece que nos falta sabedoria? Porque se nós não reconhecemos essa falha, é certo de que não pediremos. E, se não pedimos, não receberemos. Mas, se do contrário, reconhecemos o que nos falta, pediremos a Deus e Ele dará.

Eu o desafio a ler o capítulo 3 de I Reis. É um capítulo em que Deus diz para Salomão: "Pede o que queres que eu te dê.", e Salomão pede sabedoria. Quanta riqueza há nesse pedido! No versículo 7, Salomão diz: "Agora, pois, ó Senhor meu Deus, tu fizeste reinar a teu servo em lugar de Davi meu pai; e sou apenas um menino pequeno; não sei como sair, nem como entrar.", e aqui há um princípio da sabedoria, que é o reconhecimento de que temos falta dela. Por isso, a experiência com Deus esta semana será o de reconhecer, diante Dele, em que áreas da vida você se sente como Salomão e pode afirmar: "[...] e sou apenas um menino pequeno; não sei como sair, nem como entrar.". Você só pode pedir sabedoria a Deus se admitir, como este menino pequeno, e pedir de forma aberta por sabedoria para questões específicas na sua vida. O desafio aqui será o de saber em quais pontos dela você aceita que está perdido, que não sabe como agir, como responder ou se portar.

Identifique e reconheça as áreas em que você está precisando de sabedoria. Depois, como Tiago diz: "Se algum de vocês tem falta de sabedoria, peça a Deus, que a todos dá livremente e de boa vontade.". É hora de chegar diante de Deus e pedir sabedoria para essas áreas específicas e é certo que Ele dará a você o coração quebrantado, humilhado e a sabedoria que você está precisando.

Que Deus abençoe sua semana, esta experiência, e derrame muita sabedoria nas áreas em que você se sente como um menino pequeno, que não sabe como sair, nem entrar.

Chame, sente junto e
viva a experiência de um
momento de oração,
simples, rápido, prático.

Experiência da semana:

Orar juntos

____/____/____

Você tem vivido práticas espirituais com aqueles que fazem parte da sua família, que dividem a mesma casa com você? Precisamos desenvolver relacionamentos que fortaleçam a nossa fé, relacionamentos espirituais. Muitas vezes buscamos isso participando de um grupo de oração na igreja, conhecendo pessoas que partilham da mesma fé, em que podemos ler a palavra e orarmos juntos. Entendo que isso é importante, mas defendo que, além de buscarmos relacionamentos espirituais, podemos também espiritualizar relacionamentos existentes. Um exemplo disso são relacionamentos de amizades, nos quais você pode incluir práticas espirituais. Mas, se há uma relação que é muito forte e que já é verdade na sua vida, é a sua relação familiar. Por isso, desafio-o a espiritualizar sua relação familiar, a relação com as pessoas que dividem a mesma casa com você.

Em Atos 2:42-44, nós temos um testemunho muito forte da igreja primitiva que diz: "Eles se dedicavam ao ensino dos apóstolos e à comunhão, ao partir do pão e às orações. Todos estavam cheios de temor, e muitas maravilhas e sinais eram feitos pelos apóstolos. Todos os que criam mantinham-se unidos e tinham tudo em comum.". Já imaginou vivermos isso dentro da nossa casa com a nossa família?

Por isso, desafio você a fazer um movimento muito simples: convidar alguém da sua família para orar com você. Só orar. Chame alguém da sua família e diga: "Eu quero orar contigo, me diz um pedido que você tem, eu vou compartilhar um pedido meu e vamos orar um pelo outro.". Embora pareça simples, saiba que não vai ser tão fácil. Vem a vergonha, o constrangimento, as barreiras do relacionamento. Mesmo assim, lanço este desafio para que tenha esse ato de coragem, de fé, de buscar alguém na sua casa. Pode ser filho(a), esposo, esposa, pai ou mãe. Chame algum deles e diga: "Quero orar com você. Vamos orar, vamos colocar algumas coisas diante de Deus.". Chame, sente junto e viva a experiência de um momento de oração, simples, rápido, prático. Será uma forma de começar um movimento de espiritualização das relações, começando com a sua família.

Que Deus o abençoe. Um bom tempo de oração. Uma boa semana.

Os momentos de dificuldade são de profunda intimidade com Deus.

Experiência da semana:

____/____/____

Ver Deus na dificuldade

Você já teve a experiência de ver Deus na natureza e nas coisas que Ele criou, mas esta semana vamos tentar enxergá-Lo nos momentos difíceis da nossa vida. Esses tempos em que passamos por dificuldades são instantes em que Deus parece se revelar de uma forma muito intensa, parece até que ligamos nossos radares espirituais e ficamos sensíveis para ouvi-Lo. Até mesmo o fato de questionarmos Deus nos leva a ter uma experiência com Ele. Outras vezes, podemos ver Deus nas dificuldades porque conseguimos, de forma bem evidente, perceber o Seu mover, o Seu agir e o Seu poder. Então, quer seja nos questionamentos ou na manifestação da Sua ajuda, os momentos de dificuldade são de profunda intimidade com Ele.

A história de Jó é um exemplo claro de que podemos ver Deus nas dificuldades, visto que este sofreu muito e questionou a Deus. Ao final do livro, Jó traz uma declaração muito conhecida, em que diz:

> “*Meus ouvidos já tinham ouvido a teu respeito, mas agora os meus olhos te viram.*”.

Jó deixa o testemunho de que, a partir das dificuldades que ele passou, começou a contemplar Deus de uma forma diferente. Um outro episódio bíblico muito forte sobre este mesmo assunto está em Atos 7, quando Estevão está sendo apedrejado. Em Atos 7:55, Estevão, cheio do Espírito Santo, fixou os olhos no céu e viu a glória de Deus e Jesus, que estava à sua direita. Estevão foi apedrejado e morreu. Às vezes, pode-se ver Deus em um momento de dificuldade, mesmo que nosso problema não seja resolvido. Deus está contigo perante a morte de um ente querido - não ressuscitando, mas se mostrando presente por meio do Seu consolo, da Sua presença, que nos traz paz, e do Seu conforto. A verdade é que, de uma forma ou de outra, nas dificuldades, nós podemos ver Deus bem presente na nossa vida.

O desafio desta semana é pegar um papel e fazer uma lista dos momentos difíceis pelos quais você passou na sua vida. Nem sempre queremos lembrar e preferimos pensar em coisas boas, mas os momentos difíceis que enfrentamos, as lutas que lutamos, vencemos ou perdemos, nos humanizam e nos trazem sabedoria. Por conta disso, faça uma lista com cada dificuldade e, em cada uma, escreva sobre a forma como você viu Deus nesses momentos. Talvez você esteja passando por uma luta agora, então pode pôr junto nessa lista.

De que forma você tem experimentado Deus na sua vida? De que forma O tem enxergado no meio do tormento? De que forma Deus tem se revelado e como você o tem enxergado no seu dia a dia?

Depois de fazer essa lista, faça uma oração e agradeça a Ele. Não apenas nos momentos bons, mas também nos difíceis Deus tem se feito presente, tem revelado a você a Sua glória como Estevão viu. Você é capaz de dizer, como Jó, que antes seus ouvidos apenas ouviam a respeito, mas agora pode vê-Lo com os próprios olhos?

Que Deus o abençoe. Tenha uma boa semana e uma ótima experiência com Deus.

Nossa restauração vem através da percepção do quanto Deus nos ama.

Experiência da semana:

Você se sente amado(a)?

___/___/___

Você se sente amado(a)? É impressionante como o fato de não nos sentirmos amados atrapalha nossa vida, nossa capacidade de nos relacionar, de sorrir, de ter uma vida plena, feliz e realizada. Quando não nos sentimos queridos pelos nossos pais, filhos e amigos, acabamos não funcionando bem, nossa vida trava e a nossa capacidade de reagir ao que as pessoas dizem e fazem é totalmente comprometida. O desamor nos desabilita de vivermos a vida que Deus tem para nós e é por isso que quando Deus se revelou a este mundo teve como um dos objetivos principais revelar o amor do Pai, porque se somos prejudicados pelo desamor nas nossas relações horizontais, a nossa restauração vem através da percepção do quanto Deus nos ama.

O amor de Deus é o primeiro amor, o amor supremo. Sentir-se amado por Deus é o que vai começar a restaurar a nossa capacidade de amar e sentir-se amado, visto que, às vezes, não estamos nos sentindo amados, não porque as pessoas não nos amam, mas porque não conseguimos sentir esse amor. Perceber o amor de Deus é algo que restaura a capacidade de amar e sentir-se amado.

Por esta razão, esta semana foque em sentir o amor de Deus, em perceber o quanto Ele o ama. Eu o desafio a ler Romanos 8, um texto clássico sobre o amor de Deus, que não muda, que nos justifica, que intercede por nós em nossas fraquezas, que nos tira todos os dias da condenação, que continua nos amando mesmo quando erramos. Em seguida, eu o desafio a se perguntar:

Eu me sinto amado(a) por Deus?

Quando é que eu mais sinto que Deus me ama e quando eu me sinto desconectado(a) do amor Dele?

Deus me ama?

O quanto, de fato, eu creio nisso?

Quando eu me sinto amado(a) por Deus?

Quando é que eu sinto que Ele não está se preocupando comigo?

Como é que está minha relação de amor com Deus?

Tente responder a essas perguntas, identificando na sua própria história quais foram os momentos em que você se sentiu mais e menos amado por Deus, e de que forma isso atrapalhou ou ajudou você. Essa semana, ao ler Romanos 8, será o momento para levantar esta reflexão. Talvez não seja o tempo para buscar respostas e nem de encontrar caminhos, mas uma semana para começar a pensar sobre o assunto. Reflita sobre o amor de Deus na sua vida.

Tenha uma boa semana e uma ótima experiência com Deus.

Experiência da semana:

Ver Deus no amar

Nesta semana, a experiência é ver Deus nas relações de amor, nos atos de amor que estão diante de nós. Em I João 4:12 diz que ninguém jamais viu a Deus e, se nos amarmos uns aos outros, Deus está em nós e em nós é perfeito o Seu amor. O que esse texto traz é que Deus se revela, se faz presente, está em nós quando amamos uns aos outros. Deus é amor e, quando amamos, nós O revelamos. Por isso, quando olhamos para o amor humano, entre pessoas, o amor das nossas relações, quando olhamos para atos de amor, podemos ver Deus. Parece bem difícil enxergar Deus em um mundo onde tantas coisas ruins acontecem e as notícias dão ênfase a eventos ruins. Esse destaque não é à toa, ele existe, pois dá audiência. Dificilmente encontramos nos jornais notícias de pessoas cuidando uma das outras ou dividindo algo, de pessoas se amando.

Deus se faz presente no meio deste mundo caído, cheio de injustiça, através de atos de amor entre pessoas. Deus é revelado quando um ser humano ama, quando reflete aquilo que há de mais essencial Nele: o amor. E, se nós fomos criados à imagem e semelhança Dele, existe capacidade de amar em todos nós, independentemente de sermos pessoas que creiam ou não em Deus.

Portanto, o desafio é você olhar para suas relações, sua história e destacar as pessoas que foram tremendamente usadas por Deus para amar você. Essas pessoas existem! Olhe para elas, para os amores que você recebeu e perceba Deus, enxergue-O presente ali nas suas relações de amor, visível, real, palpável.

Passe esta semana sensível a atos de amor no mundo em que vivemos. Talvez, para isso, você tenha que sair do jornal que sempre assiste e procurar na internet. Faça pesquisas. Procure pessoas amando e enxergue Deus presente nessas relações de amor, veja-O nos atos de amor que encontrar. Existem pessoas dividindo, se preocupando com o próximo, tendo atitudes de altruísmo, amando sem esperar nada em troca. Essas coisas existem, são reais! Isso é verdade no nosso meio.

Que você possa abrir os olhos e enxergar Deus nas relações e nos atos de amor presentes no mundo em que vivemos.

Tenha uma boa semana e uma ótima experiência com Deus!

Deus nos ama
mesmo quando as
situações difíceis estão
cercando nossa vida.

Experiência da semana:

___/___/___

Bem-me-quer, malmequer

Como você tem medido o amor de Deus por você? Será que é possível medir esse amor? É bem complicado, pois o Seu amor é tão grande que é imensurável e difícil de ser compreendido. Por conta disso, algumas vezes nos sentimos mais ou até menos amados por Ele. Parece que estamos naquela brincadeira que se faz com a flor, bem-me-quer, malmequer, e oscilamos em nossa compreensão do Seu amor por nós. E há uma situação que, geralmente, leva as pessoas a questionarem, chegando a duvidar e se sentirem menos amados por Deus: são os momentos de dificuldade, de lutas que enfrentamos na vida. Nesse ponto, nos sentimos abandonados e nos perguntamos se Ele, de fato, se importa conosco. Não é só você que se sente dessa forma quando as dificuldades batem à sua porta.

Quando olhamos para a Bíblia, percebemos que ela não esconde esse sentimento na experiência de várias pessoas. Nesta semana, você está sendo desafiado a viver uma experiência de leitura e oração. Desafio você a ler Isaías 49:14-15. Esse texto fala de um período em que o povo de Deus está no exílio babilônico, em um momento muito difícil.

Deus, através do profeta Isaías, traz uma palavra de conforto, de consolo ao povo que se sentia abandonado. Isaías diz, nos versículos 14 e 15: "O Senhor me abandonou, o Senhor me desamparou.". Deus responde: "Haverá mãe que possa esquecer seu bebê que ainda mama e não ter compaixão do filho que gerou? Embora ela possa esquecê-lo, eu não me esquecerei de você!".

O capítulo 49 é um texto que vem para confortar, para consolar, para renovar a esperança, para mostrar que Deus não se esqueceu, que Ele se importa com Seu povo e que ele não deve medir a compaixão e o amor Dele apenas pelas circunstâncias. Em Hebreus 12:5-11, fala-se que Deus corrige e disciplina a quem Ele ama e açoita todo aquele que aceita como filho. Se nós não somos participantes da disciplina, então não somos filhos, somos bastardos.

Deus nos ama mesmo quando as situações difíceis estão cercando nossa vida, mesmo que seja muito difícil acreditar. Por isso, eu o desafio a ler os dois textos, Isaías 49:14-15 e Hebreus 12:5-11, e depois ter uma conversa franca com Deus, como um filho que, às vezes, não entende o que o pai está fazendo. Abra-se diante Dele, coloque seus questionamentos, seus sentimentos e o motivo pelo qual você tem se sentido abandonado. O que temos encontrado na Bíblia é que, quando o povo de Deus se coloca desta forma, Ele vai ao encontro do povo para revelar a Sua compaixão, não para resolver o problema, mas para dizer: "Eu estou com você e continuo me importando com você", pois Deus não é indiferente, nem aos problemas que enfrentamos, nem mesmo aos sentimentos que temos diante dos problemas.

Que nesta semana você volte a se sentir amado por Deus, mesmo que esteja passando por uma dificuldade muito grande em sua vida.

Tenha uma boa semana e uma ótima experiência com Deus.

Partilhar transforma a benção recebida num testemunho e verbaliza a sua gratidão.

Experiência da semana:

___/___/___

Que darei ao Senhor?

No livro de Salmos, capítulo 116, o salmista faz uma pergunta no versículo 12: "Que darei eu ao Senhor, por todos os benefícios que me tem feito?".

Existe ali um coração profundamente grato por tudo o que Deus fez, mas, para que tenha esse coração agradecido, precisa parar, pensar e lembrar de tudo o que foi realizado, uma vez que temos a forte tendência de lembrar apenas das coisas ruins, dos projetos que não conseguimos concretizar, das derrotas que tivemos durante a vida.

Entretanto, independentemente da sua história, do seu último ano, do que você tenha vivido ou não, é certo que Deus derramou bênçãos sobre sua vida. Diante disto, desafio-o a pensar em tudo o que Deus fez para ti de forma objetiva. Faça uma lista e escreva, uma vez que, quando escrevemos, visualizamos e percebemos quantas coisas foram feitas. Agradeça por coisas corriqueiras e por coisas especiais que Ele fez na sua vida e na sua história. Depois de fazer essa lista, eu o desafio a dar testemunho sobre o que Deus fez por você.

É impressionante como na Bíblia homens e mulheres agradecidos a Deus deram testemunho do quanto Ele fez. Samuel, depois de vencer os filisteus, sobe no monte, coloca uma pedra e a chama de Ebenezer, que significa: "Até aqui nos ajudou o Senhor". Que você possa dar testemunho também.

Sugiro que junte as pessoas da sua casa e desafie cada uma a dizer, a testificar, a fazer uma lista e lê-la ali, em grupo. Comece você mesmo partilhando o que Deus fez e depois convide-os a fazerem o mesmo. Eu tenho certeza de que será um tempo precioso juntar sua família, as pessoas que convivem com você, talvez seus amigos, e ter um tempo para compartilhar. Partilhar transforma a benção recebida num testemunho e verbaliza a sua gratidão.

Que você tenha uma vida muito abençoada, com muitos motivos para agradecer ao Senhor, porque Deus é rico em misericórdia e tem prazer em derramar sobre os Seus filhos bênçãos sem medida. Que Ele te abençoe.

Tenha uma boa semana e uma ótima experiência com Deus.

Experiência da semana: ___/___/___

Trabalho: bençāo e missão

Muitos são aqueles que encaram – e talvez você seja uma dessas pessoas – o trabalho como um enorme fardo a ser carregado no dia a dia. Acordam para trabalhar com um sentimento ruim, um peso nas costas. Olham para o trabalho esperando o dia em que não precisarão mais trabalhar. O dia da aposentadoria tem se tornado, para muitos, um sonho, um ideal. Como você tem olhado para o seu trabalho? Qual tem sido a sua relação com ele?

Pense em trabalho, esta semana, como qualquer atividade que você faça que tenha um propósito, um sentido, um motivo e um para quê. Pode ser seu emprego, o envolvimento que você tenha como voluntário em uma ONG, em uma associação, pode ser cuidar de seus filhos, administrar uma casa, pode ser cuidar de seu pai ou sua mãe.

Defino trabalho como sendo nossas atividades, aquilo com que estamos comprometidos e envolve uma ação, um esforço, um planejamento.

Deus sempre esteve trabalhando e criou o homem e a mulher também para trabalharem. No livro de

Gênesis 1:26-30, Deus criou o ser humano e, logo em seguida, dá a ele a bênção e a missão de trabalhar. Ele mandou o homem e a mulher cuidarem da Terra, se multiplicarem, se responsabilizarem pelos animais. Em Gênesis 2:19, Deus dá ao homem e à mulher a missão de darem nome a todos os animais. O versículo chega a dizer que Deus levou cada animal para que eles pudessem nomeá-los. Deus estava trabalhando quando criou a Terra. Ele trabalha o tempo todo! A Bíblia chega a dizer que Deus trabalha por nós enquanto dormimos. Deus criou o ser humano e lhe deu a bênção de trabalhar, quase como um ato cocriador, tendo a oportunidade de conceber a partir de tudo o que Deus criou. Ele deu ao ser humano o trabalho como uma experiência a ser vivida, como uma oportunidade de interagir com a terra, com a natureza, com toda a criação, como sentido de vida e como propósito.

Como você tem olhado para o seu trabalho? Você o enxerga como bênção? Tem conseguido pensar no trabalho como uma missão recebida por Deus? A experiência desta semana terá dois objetivos, e o primeiro será o de agradecer por essa bênção. Dedique um tempo de oração para agradecer a Deus pelo seu trabalho,quer ele seja remunerado ou não. Agradecer a bênção que seu trabalho representa para você, seja em realização, em suprimento de necessidades ou recursos. Experimente fazer essa oração antes de começar a trabalhar. Diga: "Obrigado, Deus, porque o Senhor me abençoou me dando um trabalho para fazer hoje.". O segundo será o de tentar entender e enxergar que o seu trabalho não é um ofício qualquer, que existe algo a mais, que Deus quer usá-lo naquele local, que existe uma missão. Se o seu emprego envolve pessoas, fica fácil de enxergá-la e, talvez, a pergunta seja "Qual a missão que Deus tem em relação às pessoas que trabalham com você?". Se o seu trabalho abrange recursos, remuneração ou ganhos, qual a missão que Deus tem para você a partir da maneira com que você tem colhido o fruto do seu trabalho? Será que é apenas para si mesmo e para os seus?

Esta é uma semana para olharmos o trabalho como uma bênção e agradecermos por isso, mas também como missão e pedirmos a Deus sabedoria para a entendermos e percebê-la. Um dos efeitos da queda, em Gênesis 3:17, foi que o trabalho passou a representar sofrimento e sabemos muito bem o que isso significa na prática. Por isso, o desafio de Cristo é o de restaurar a dimensão do trabalho como bênção e missão. Que o sofrimento do trabalho nesse mundo caído em que vivemos seja amenizado em nosso dia a dia a partir do momento em que enxergarmos o trabalho como um presente e que há uma missão envolvida nele. Que, como trabalhadores, possamos colher os frutos dessa bênção e missão que Deus nos deu.

Tenha uma boa experiência com Deus, um bom trabalho e uma ótima semana!

Experiência da semana:

___/___/___

Eu e minha casa

Fazer metas pessoais é sempre muito bom e é importante. Fazê-las em família pode ser ainda melhor. Por conta disso, o desafio desta semana é que você reúna sua família e assumam propósitos juntos. Neste sentido, temos a história de Josué. Chega uma hora na qual Josué precisa se posicionar diante do povo, pois este estava querendo seguir pelo caminho da idolatria. Todavia, ele possuía outros planos para sua própria família. É quando diz: "Se, porém, não lhes agrada servir ao SENHOR, escolham hoje a quem irão servir, se aos deuses que os seus antepassados serviram além do Eufrates, ou aos deuses dos amorreus, em cuja terra vocês estão vivendo. Mas eu e a minha família serviremos ao SENHOR." Josué 24:15. Como é forte quando decidimos junto à nossa casa servirmos a Deus. Quantas coisas Deus pode fazer através de propósitos espirituais assumidos em família! Cuidado para não se restringir como se os propósitos espirituais fossem apenas ler a Bíblia, fazer culto doméstico ou orarem juntos. Pensemos na vida espiritual de forma mais ampla.

Eu também chamo de propósitos espirituais você assumir que vai sair mais com seus filhos, vai ter um tempo com seu esposo, sua esposa, seu companheiro, sua companheira. Por isso quero desafiá-lo a juntar as pessoas da sua casa e assumirem propósitos de coisas que vocês vão fazer juntos. Hebreus10:24 fala: "E consideremo-nos uns aos outros, para incentivarmo-nos ao amor e à boas obras [...].". Que você possa, junto aos familiares, assumir planos e considerar um ao outro para estarem incentivando o amor e as boas obras. É tempo de avançar com a família. Que, assim como Josué, você possa dizer: "Eu e minha casa serviremos ao Senhor.".

Separe um tempo esta semana, junte seus familiares e, juntos, assumam metas. Façam isso com calma, sentem, orem, peçam orientação a Deus, respondam um ao outro:

"O que nós podemos fazer juntos, como família, para que possamos afirmar, como Josué, 'eu não sei vocês, mas eu e minha casa serviremos ao Senhor?". Coisas tremendas e preciosas podem acontecer a partir deste simples ato de assumirem propósitos espirituais com Deus de, juntos, como uma só casa, servirem a Ele.

Tenha uma boa semana, uma boa experiência com Deus e ótimos propósitos em família.

Experiência da semana:

Que tal orar?

___/___/___

Você está passando por algum problema ou dificuldade? Já pensou em orar? Pode parecer óbvio, mas, muitas vezes, deixamos de usar esse recurso espiritual. Acabamos fazendo coisas que achamos que podem ajudar a resolver o nosso problema e, algumas delas, na verdade, até podem - como conversar com pessoas, pesquisar sobre, ouvir especialistas sobre a dificuldade que estamos passando, seja na área da saúde, financeira ou mesmo alguma questão na justiça. Outras vezes, nos ocupamos com coisas que não resolvem absolutamente nada, como ficar falando sobre isso o tempo todo, como deitar e não conseguir dormir porque sua mente não para de pensar nisso. Acabamos deixando de usar um recurso espiritual e fantástico, que é a oração. Tiago 5:3 diz: "Está alguém entre vós aflito? Ore.". Talvez você diga: "Mas eu não estou passando por nenhuma dificuldade grande na minha vida.", entretanto, sempre temos uma preocupação ocupando nossa mente, sempre temos o problema de alguém que vive perto que se apodera de nós e nos deixa preocupados...

O desafio desta semana será o de orar, o de usar esse recurso prático e poderoso. Pegue aquilo que está ocupando sua mente, que está te preocupando e ore por isso. Eu o desafio a separar um tempo diário para praticar essa oração, colocar diante do Senhor aquilo que está afligindo seu coração.

Jesus contou a seus discípulos uma parábola para mostrar-lhes que deviam orar sempre e nunca desanimar. É a parábola do juiz iníquo, que está em Lucas 18:1-8. Ele fala de uma mulher que não desistiu de pedir a um juiz, que era mal, o que ela queria, a sua causa e, de tanto insistir, o juiz deu a ela e fez o que ela queria. Jesus conta essa parábola justamente para que não venhamos a desanimar, pois até um juiz ruim acaba fazendo o que alguém insistiu. E ele diz: "Acaso Deus não fará justiça aos seus escolhidos, que clamam a ele dia e noite? Continuará fazendo-os esperar?". E ele termina fazendo uma pergunta: "Contudo, quando o filho do homem vier, encontrará fé na Terra?".

Por essa razão, renove sua fé a respeito de algo que, talvez, nem acredite mais que Deus possa fazer e ore por isso. Às vezes, paramos de orar porque desanimamos, não cremos mais, às vezes é porque não acreditamos que a oração possa fazer alguma diferença. Lembre-se de Tiago 5, quando ele diz que a oração de um justo pode muito em seus efeitos. Então, que esta semana seja de oração por questões específicas, por aquilo que o aflige. Que você separe um tempo diário para orar por isso, para colocar tudo diante de Deus. Leia a palavra de Lucas 18:1-8 e deixe que essa leitura leve você a voltar a crer, a renovar o seu ânimo, a voltar a acreditar, não apenas em Deus, mas de que a oração pode fazer diferença e move coisas no reino espiritual que trazem consequências para nossa vida.

Que Deus nos abençoe. Tenha uma boa semana e um bom tempo de oração.

E agora?

E agora que você viveu todas essas experiências, o que fazer? Lembra que a intenção desse livro NÃO era a de você ficar dependente de alguém que diga o que precisa ou pode ser feito para se ter uma experiência com Deus? Que essas experiências vividas tenham servido como um livro de caligrafia, que usamos para nos ajudar quando estamos aprendendo a escrever, mas que depois abandonamos, assumindo nossa escrita pessoal, com nossa identidade e características singulares.

É hora de você continuar vivendo e experimentando um relacionamento com Deus. Essas páginas em branco no final do livro são um sinal de que as experiências continuam e que você é parte ativa nessa caminhada. Que tal usá-las para fazer seus próprios esboços de experiências a serem vividas?

Ficarei muito feliz em saber que você não parou nas 30 semanas, mas continuou experimentando coisas fantásticas com Deus. Se você puder compartilhar suas experiências comigo ficarei muito grato (**experienciadasemana@gmail.com**)!

A vida não tem apenas 30 semanas, ela é extensa, dinâmica e cheia de espinhos e flores. Nesse caminho, existe um Deus que é real e pode ser experimentado, fazendo toda a diferença em nossa vida.

Boas experiências com Deus!

Minhas novas experiências

Papel de miolo OffSet Imune 90g/m²

Papel de capa Cartão C2 imune 250g/m²

Impressão Gráfica Santa Marta